STEP 2

손으로 생각하는 사고력 수학 시리즈

챌린지 CHALLENGE

도미노

조이앤에듀

몬스터매스 챌린지의 활용법

도미노를 활용하여 수학의 5대 영역(수와 연산, 도형, 측정, 자료와 가능성, 규칙성)의 내용을 골고루 학습합니다.

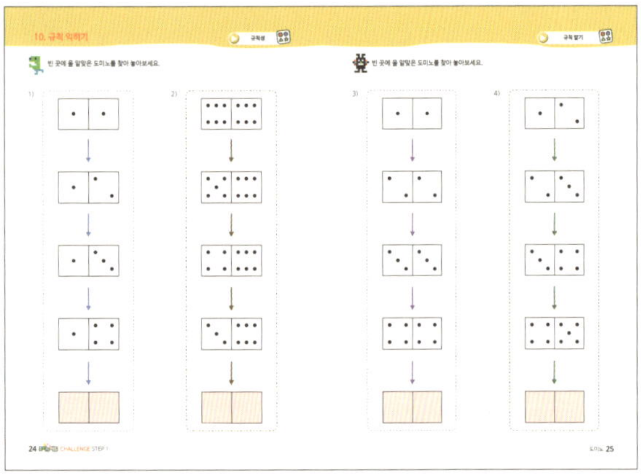

도미노의 수학적 의미에 대한 스토리는 아이들에게 흥미를 이끌어내도록 합니다.

아이들의 흥미를 위해 놓아보기(), 색칠하기(), 연필로 그려보기() 등 다양하게 활동하도록 합니다.

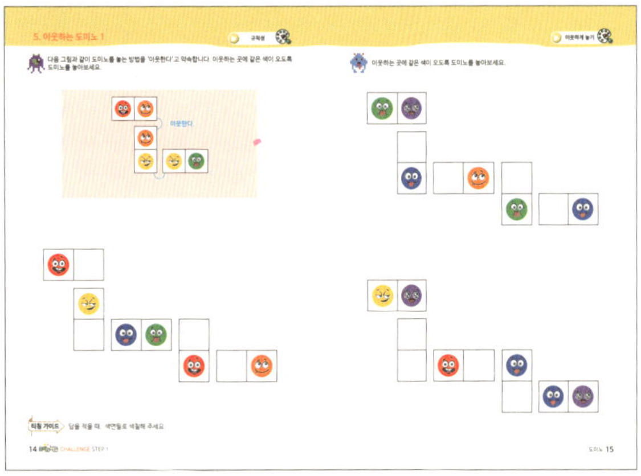

티칭 가이드를 통해 주제에 따른 학습 내용과 지도에 대한 팁을 활용합니다.

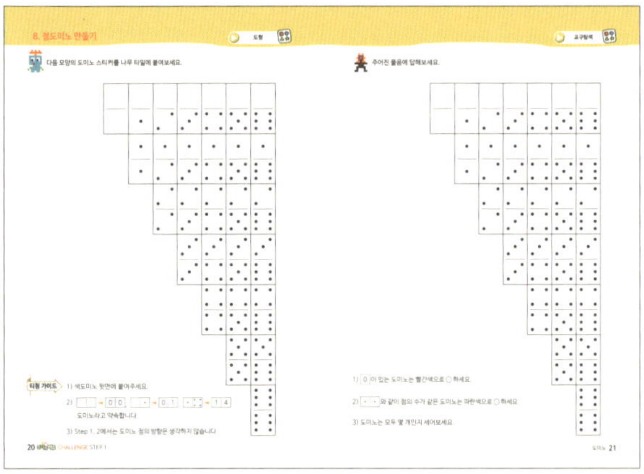

학습효과

1. 수학의 5대 영역에 대하여 폭넓게 익히고, 경험할 수 있습니다.
2. 특히 영재성의 기본인 공간지각력을 키우고, 공간 구조를 익힐 수 있습니다.
3. 어려운 문제를 해결해냄으로써 성취감을 높여줍니다.
4. 문제 해결을 위한 전략적인 사고는 생각하는 힘을 길러줍니다.

CONTENTS

STORY

도미노 이야기

도미노는
직사각형의 타일을 길게 세워 모양을 만들고
이를 쓰러뜨리는 놀이라고 많이 생각할텐데요.
수학 교구에서의 도미노는
정사각형 2개를 변끼리 붙여서 만든 모양에
주사위처럼 점을 찍어 만든 교구를 뜻합니다.

도미노라는 이름은 고대 프랑스어에서 유래되었다는 이야기가 있어요.
이는 처음 도미노의 모습이 검은 나무로 된 면에 흰색 점이 있었는데
이 모양이 꼭 성직자들의 복장과 닮아있어서
복장의 이름에서 딴 domino라고 붙였다고 해요.

도미노는 점의 개수 또는 그림에 따라 이름이 달라지는데

우리가 사용할 교구는

최대 6개의 점이 있는 6점 도미노와

7가지 색을 이용한 색도미노랍니다.

수업 전에 도미노 스티커를 붙여보고, 도미노 쓰러뜨리기 활동도 하면서

도미노와 친해진 후 다양한 활동을 해보도록 하세요.

모양 맞추기

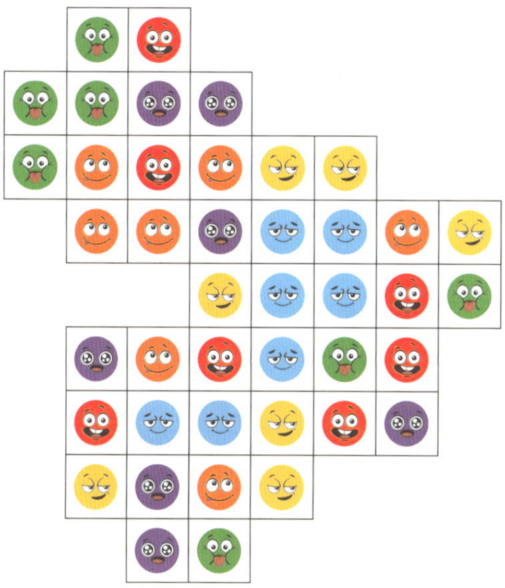

규칙 길 완성하기

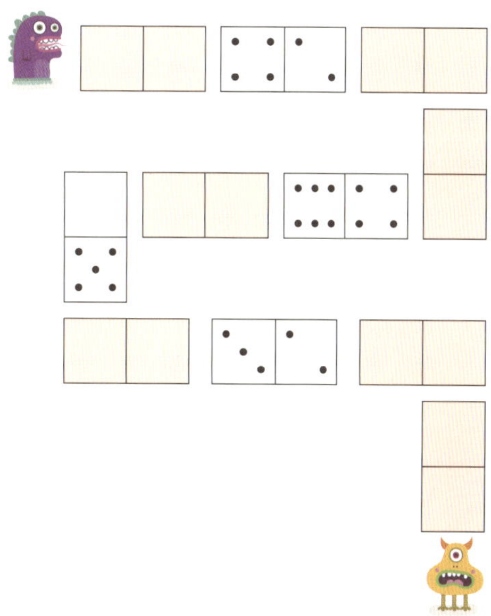

자리 찾기

1	1	2	6	4	1
	3	2	2	1	
	5	4	2	2	
	1	6	1	5	
	1	3	2	2	

곱셈방진

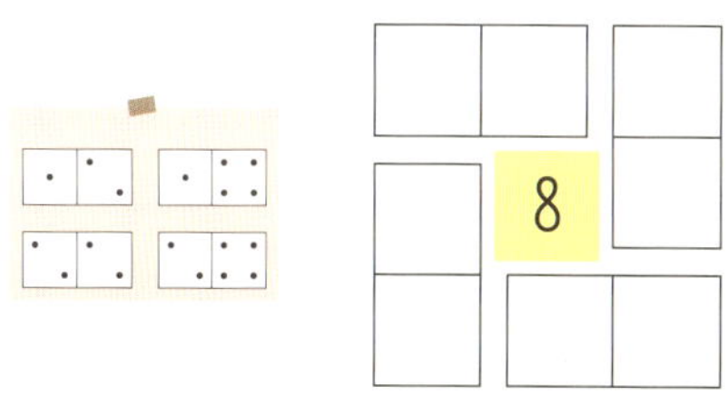

공간지각력
도형 및 측정 영역
성취감
생각하는 힘

1. 도미노 익히기

도형

도미노란 정사각형 2개를 변끼리 붙인 직사각형 모양을 뜻합니다. 다음 모양 중에서 도미노를 찾아 ○하세요.

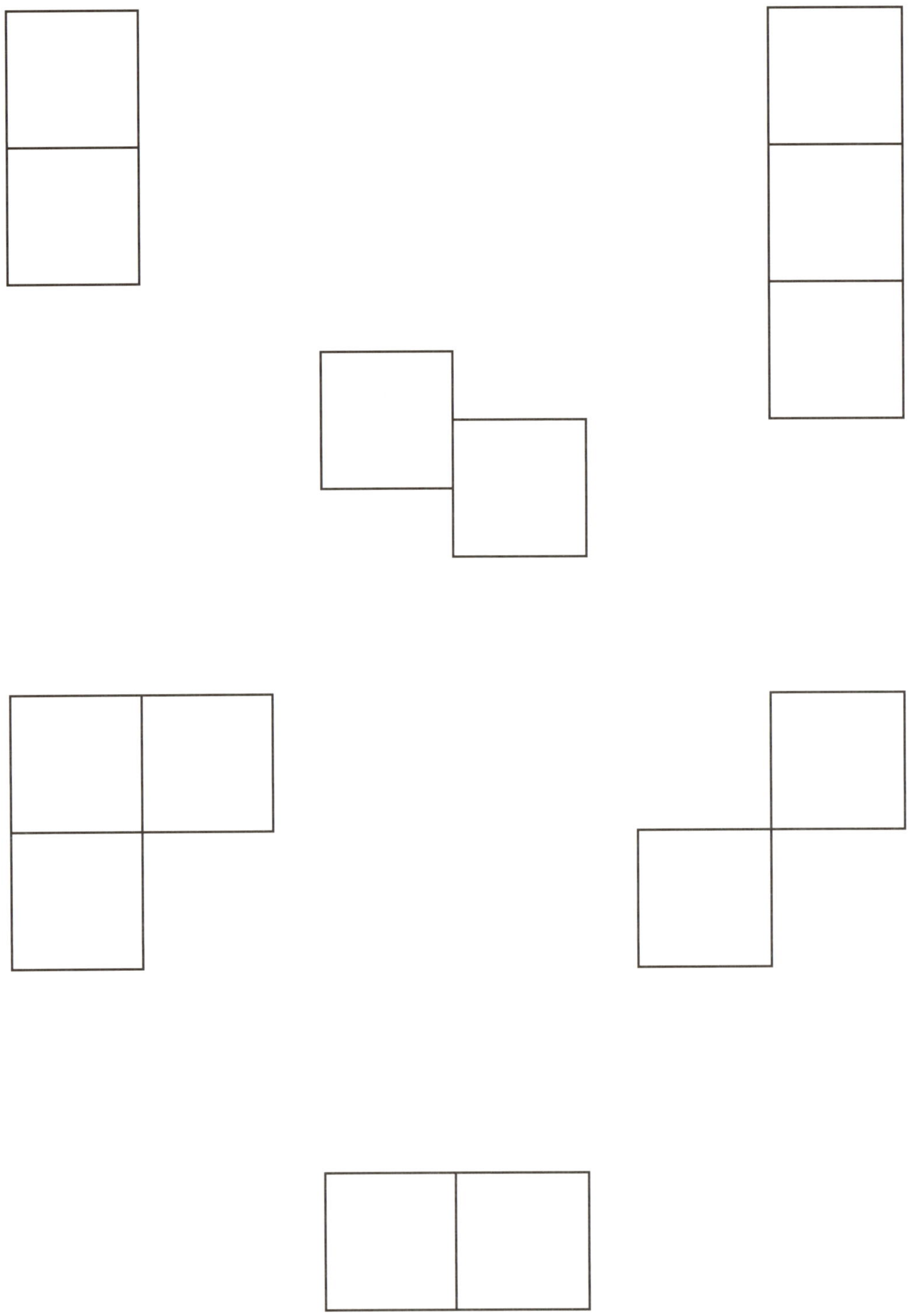

도미노 조각을 길게 놓고 한번에 쓰러뜨려 보세요.

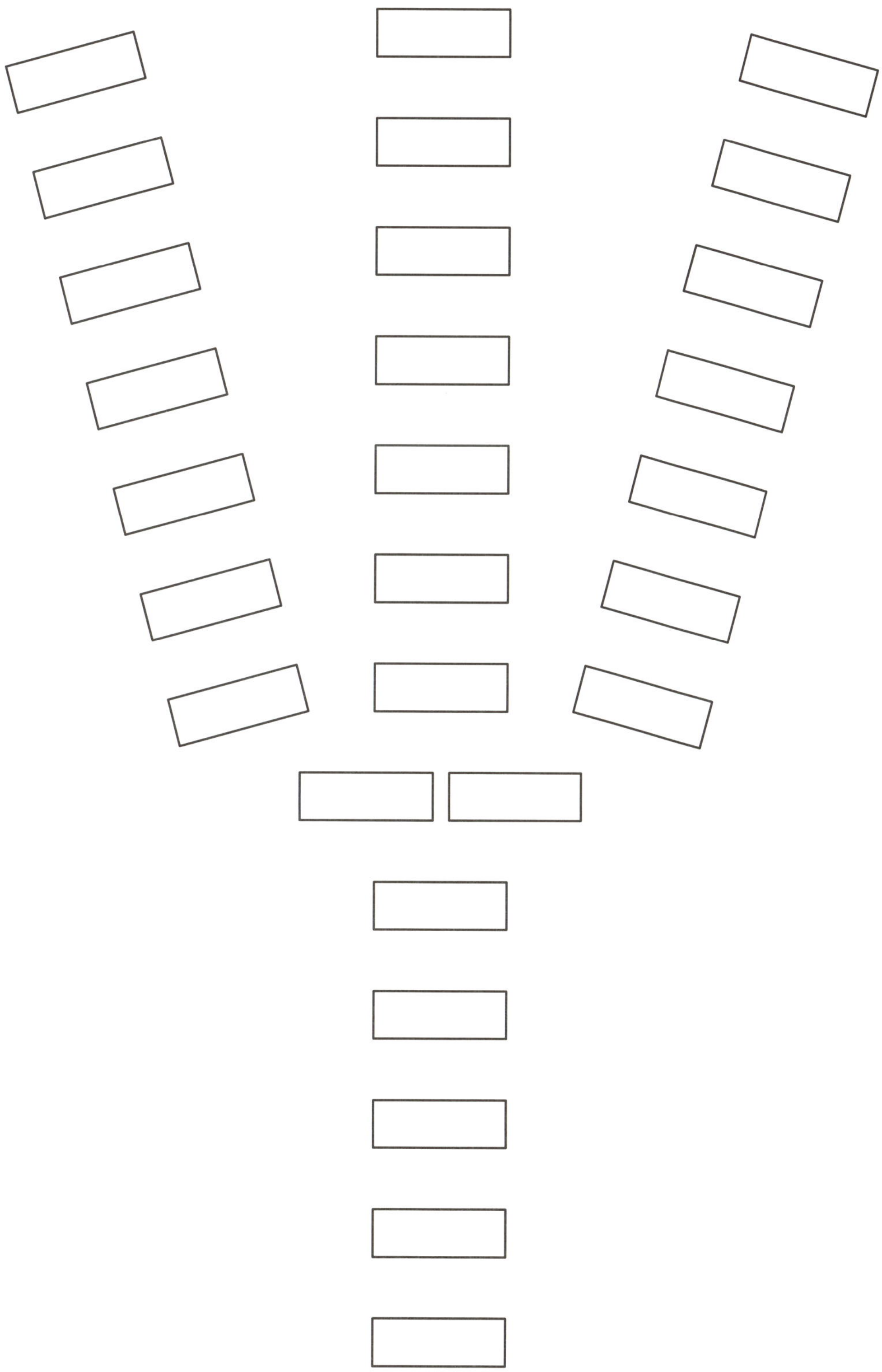

2. 색도미노 만들기

도형

다음 모양의 도미노 스티커를 나무 타일에 붙여 보세요.

색도미노를 보고 다음 물음에 답하세요.

1) 도미노는 모두 몇 개인가요?

_______________ 개

2) 몬스터는 모두 몇 가지 색인가요?

_______________ 개

3) 제시된 색깔의 몬스터는 각각 몇 개인가요?

개수							

3. 모양 만들기 1

도형

색도미노로 다음 모양을 맞춰보세요.

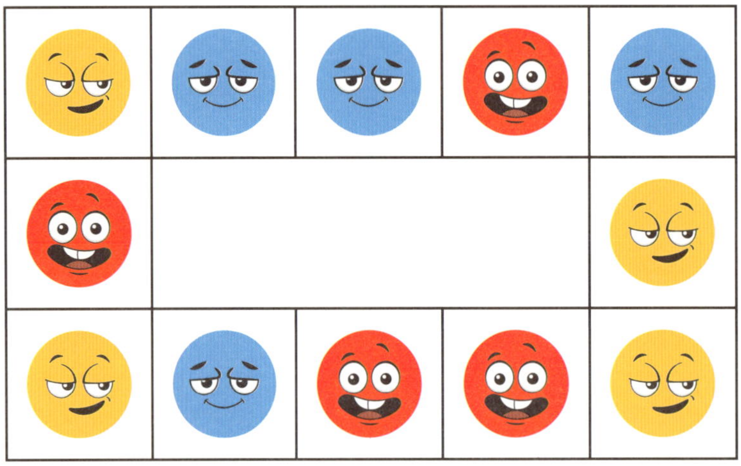

티칭 가이드 색도미노 활동을 할 때, 그림이 뒤집어지거나 방향이 다른 것은 상관없습니다.

색도미노로 다음 모양을 맞춰보세요.

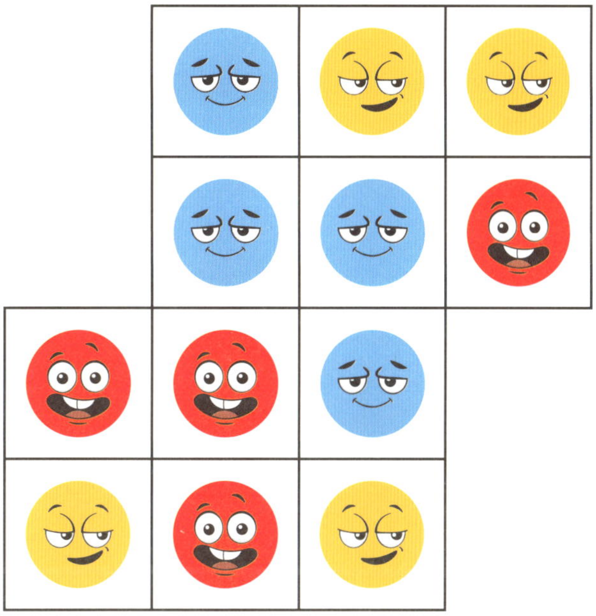

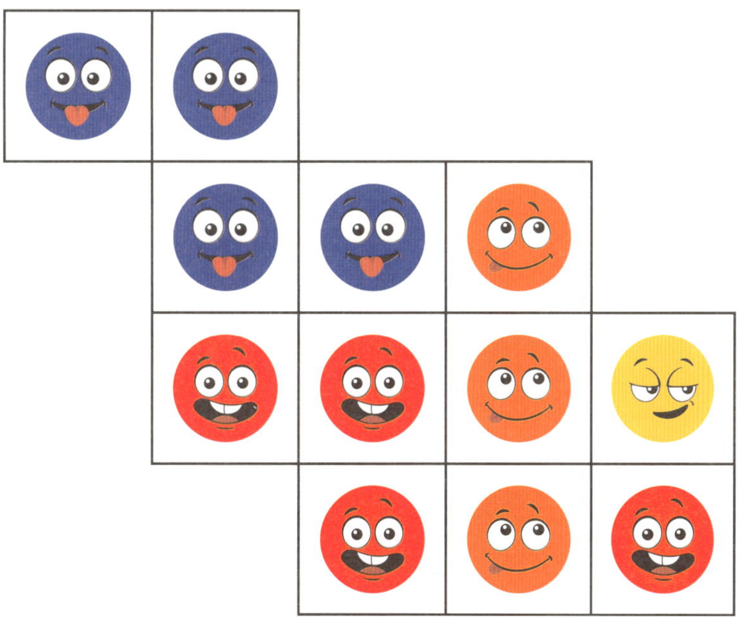

티칭 가이드

답을 표시하는 방법은 선으로 표시하기( ) 또는 테두리 굵게 표시하기( ) 등의 방법을 사용합니다.

4. 이웃하는 길

규칙

몬스터가 친구를 만나려면 길을 완성해야 해요. 다음 조건에 맞게 길을 완성해 보세요.

이웃하는 곳에 같은 색이 와야 해요.

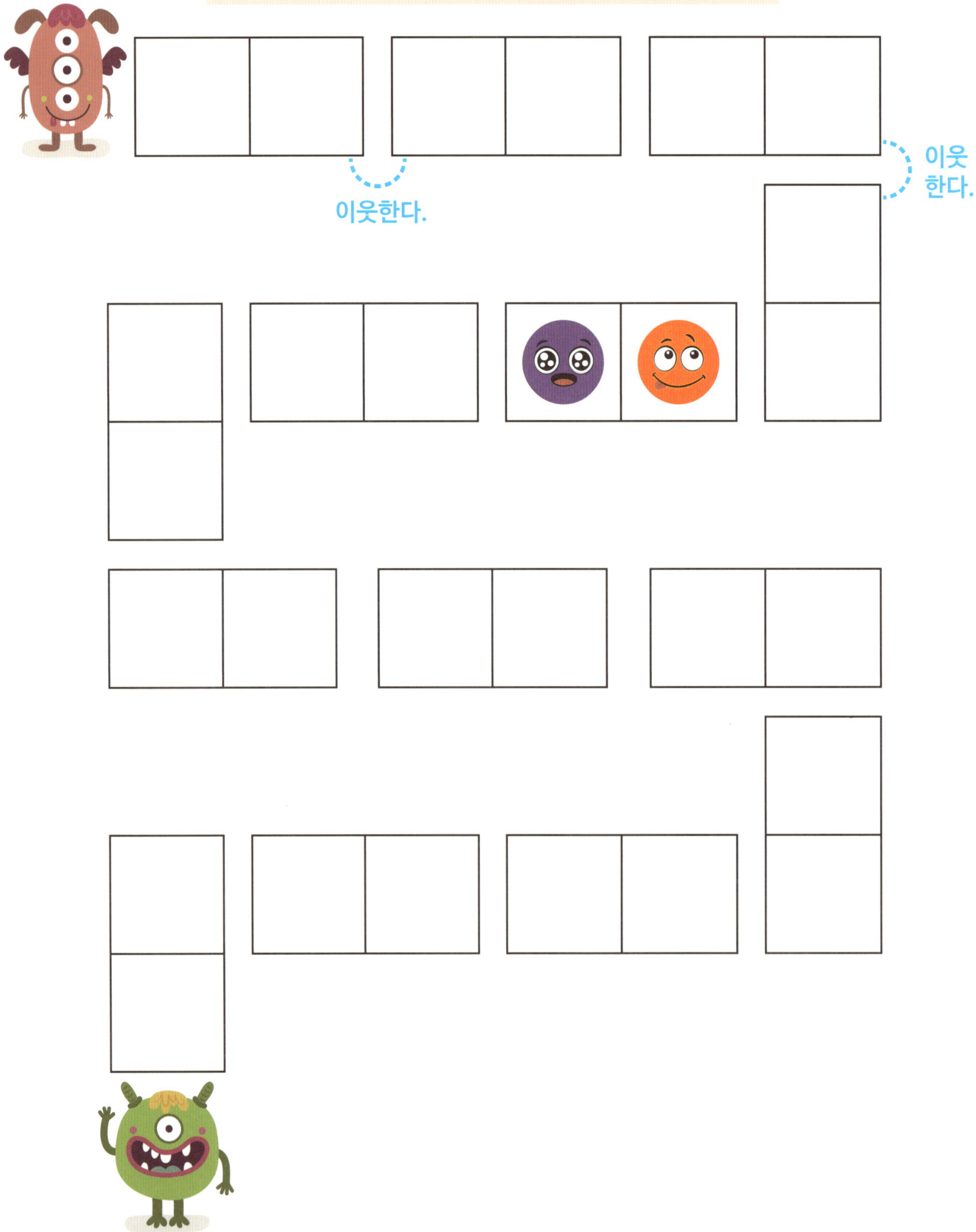

다음 조건에 맞게 길을 완성해 보세요.

이웃하는 곳에 같은 색이 와야 해요.

5. 이웃하는 사각형

규칙성

이웃하는 곳에 같은 색이 오도록 알맞은 도미노를 놓아보세요.

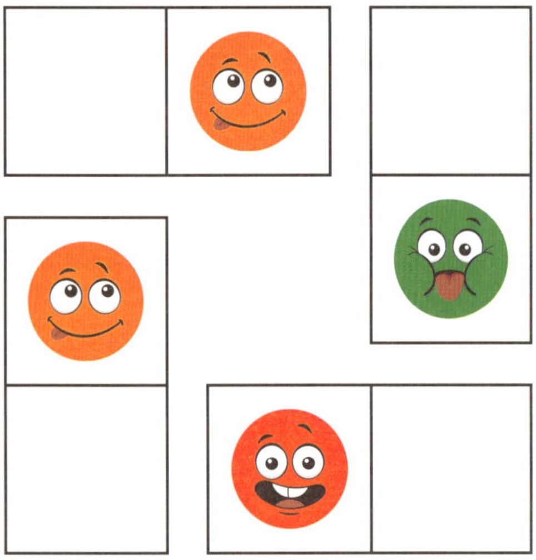

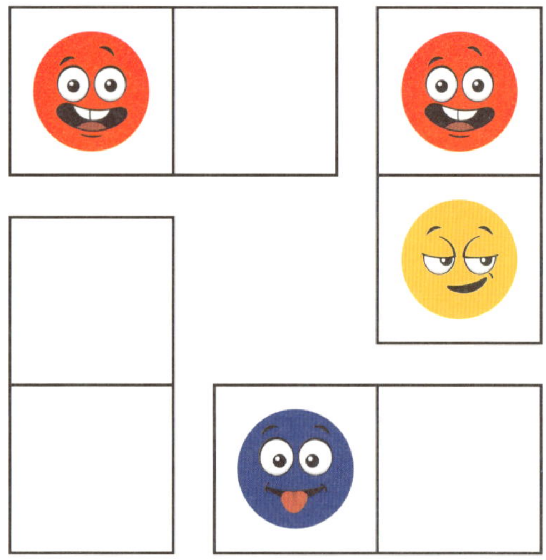

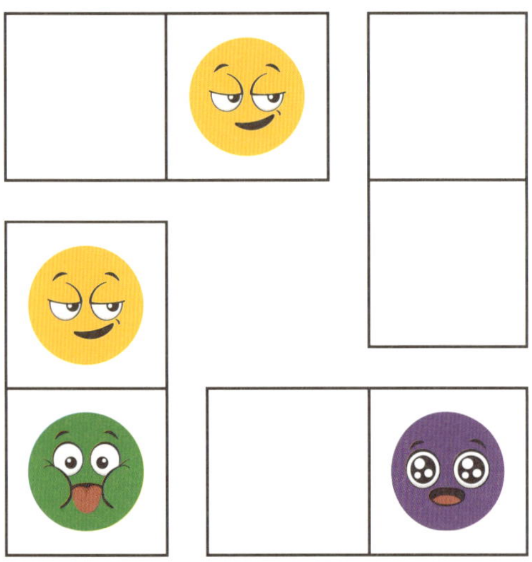

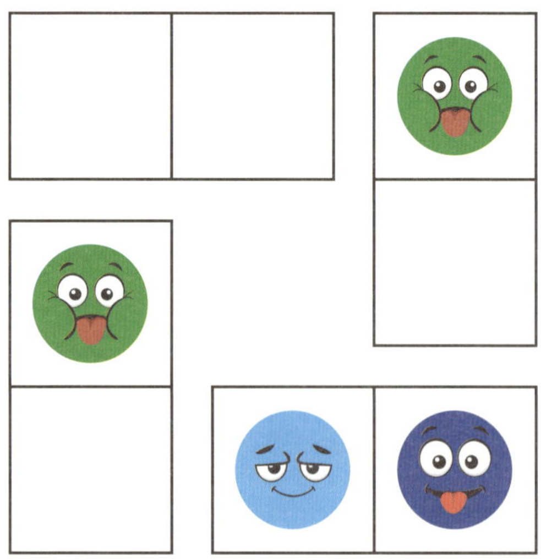

이웃하는 곳에 같은 색이 오도록 알맞은 도미노를 놓아보세요.

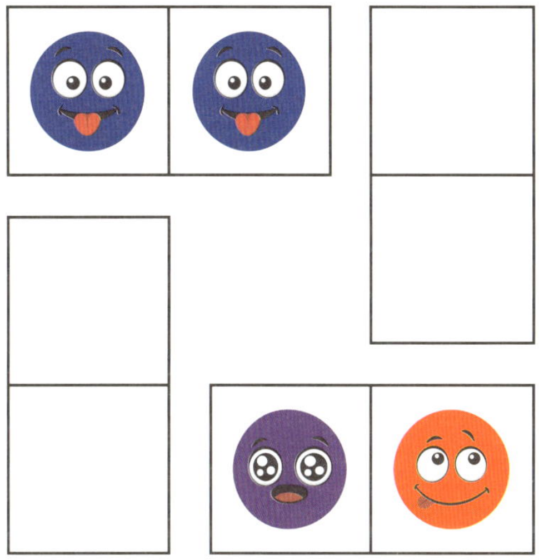

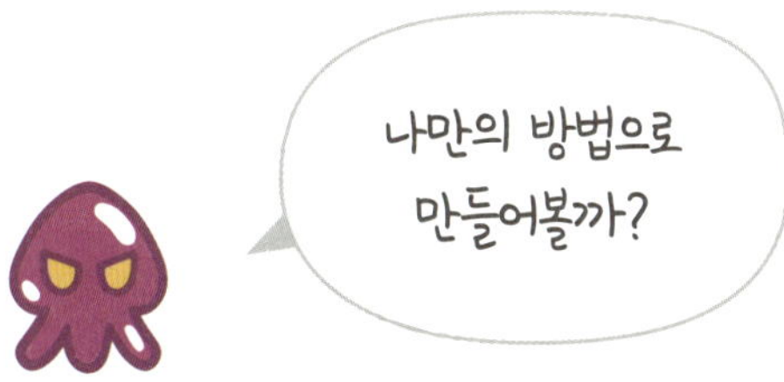

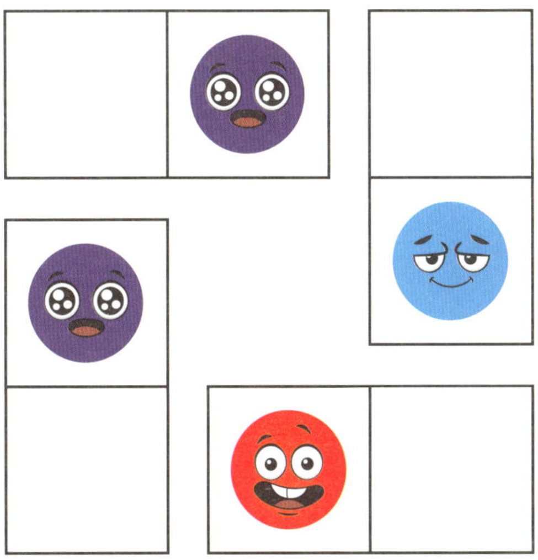

6. 모양 만들기 2

도형

제시된 도미노로 다음 모양을 만들어 보세요.

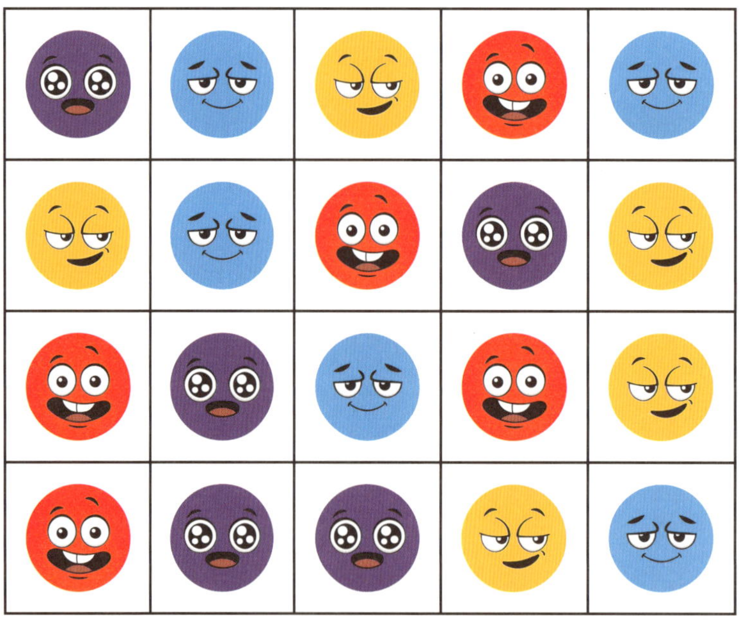

제시된 도미노로 다음 모양을 만들어 보세요.

7. 모양 만들기 3

다음 모양을 만들어 보세요.

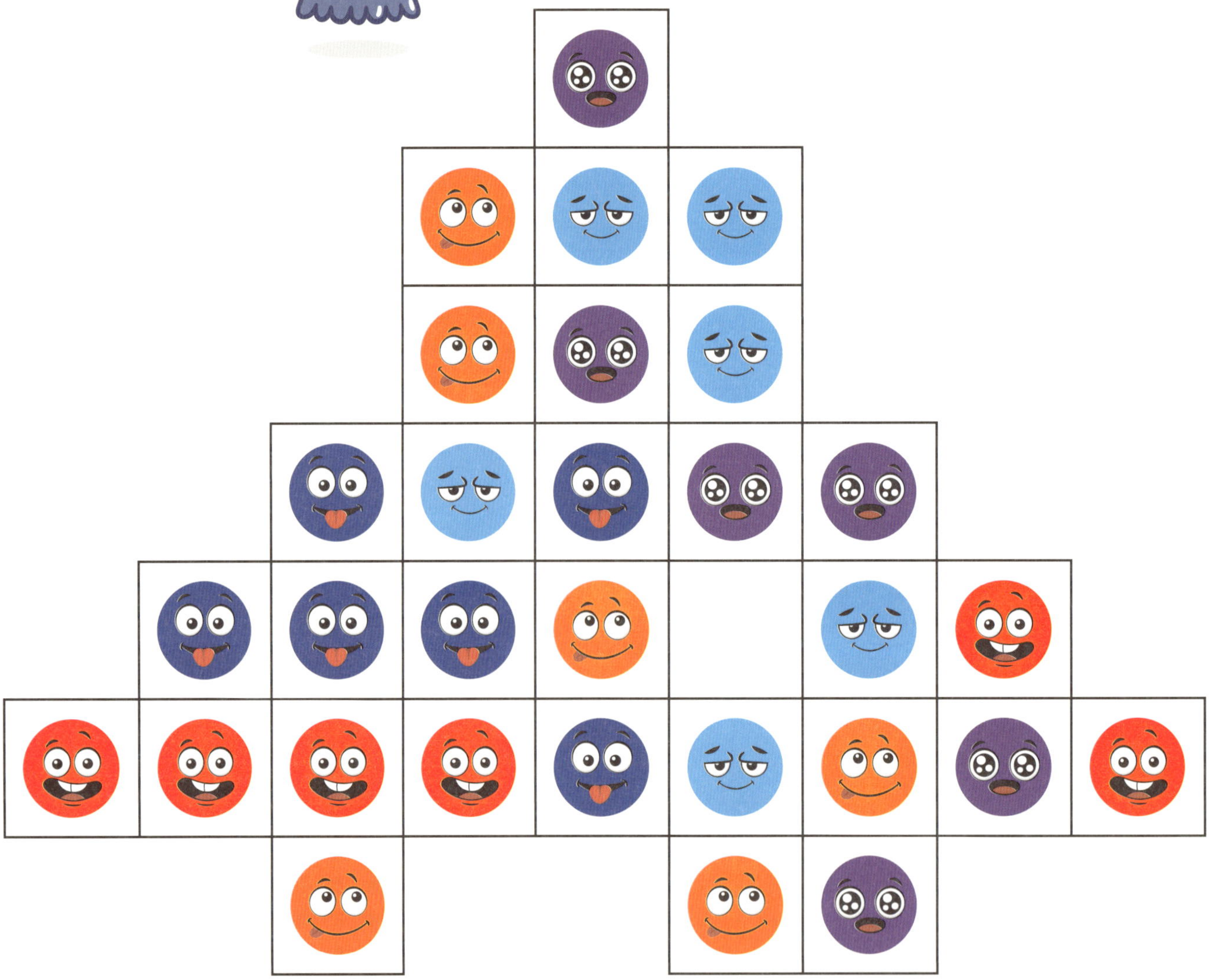

다음 모양을 만들어 보세요.

8. 점도미노 만들기

다음 모양의 도미노 스티커를 나무 타일에 붙여 보세요.

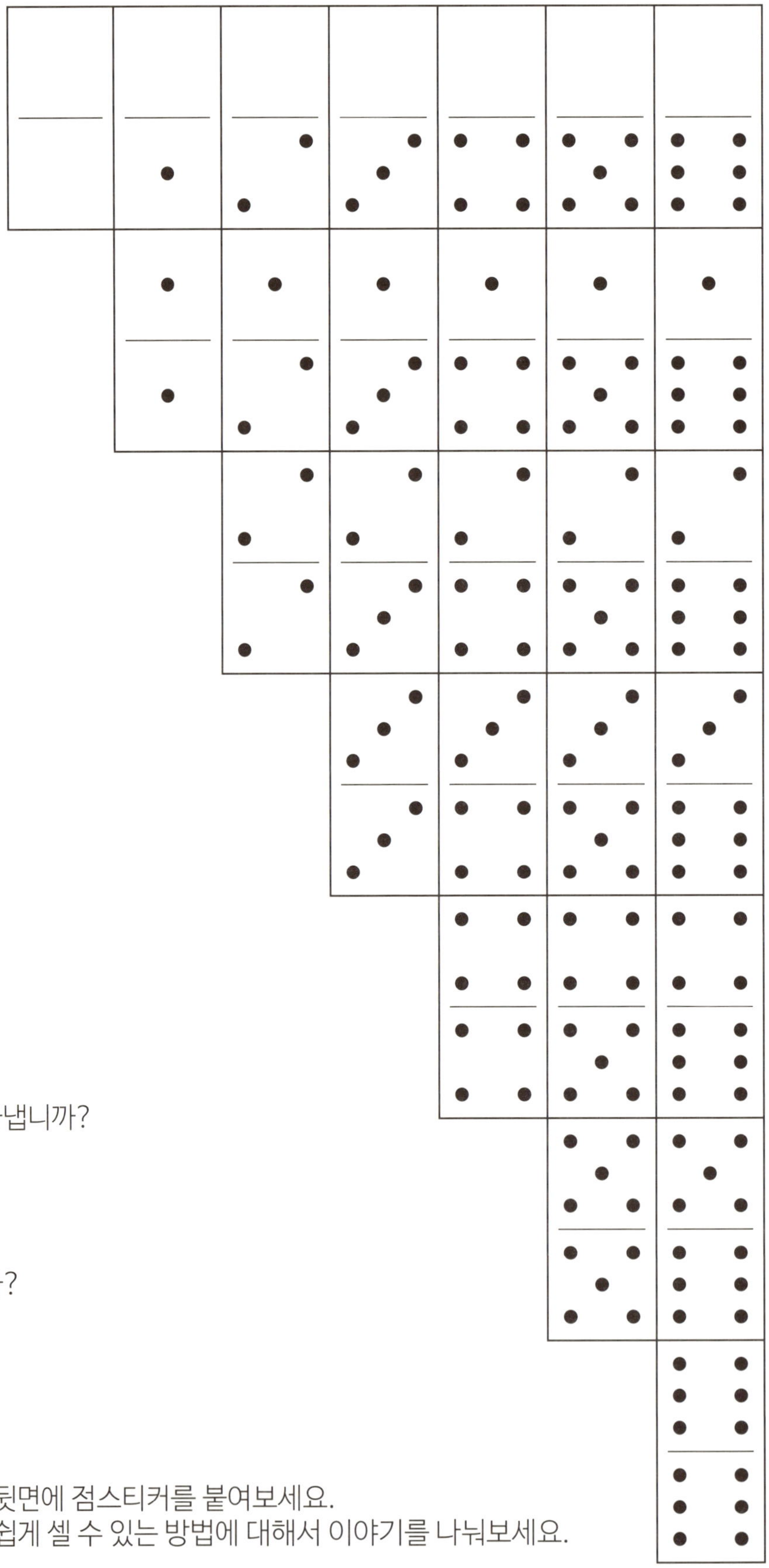

1) 도미노의 점은 무엇을 나타냅니까?

2) 도미노는 모두 몇 개입니까?

티칭 가이드

1) 색도미노 뒷면에 점스티커를 붙여보세요.
2) 도미노를 쉽게 셀 수 있는 방법에 대해서 이야기를 나눠보세요.

점도미노를 보고 주어진 물음에 답하세요.

1) 0 이 있는 도미노를 모두 찾아보세요.

2) 도미노 점의 수가 같은 도미노를 모두 찾아보세요.

9. 도미노 합의 규칙

규칙성

다음 ○안의 수는 두 점의 합을 뜻합니다. 제시된 조건대로 오른쪽 도미노에 알맞은 색을 칠해보세요.

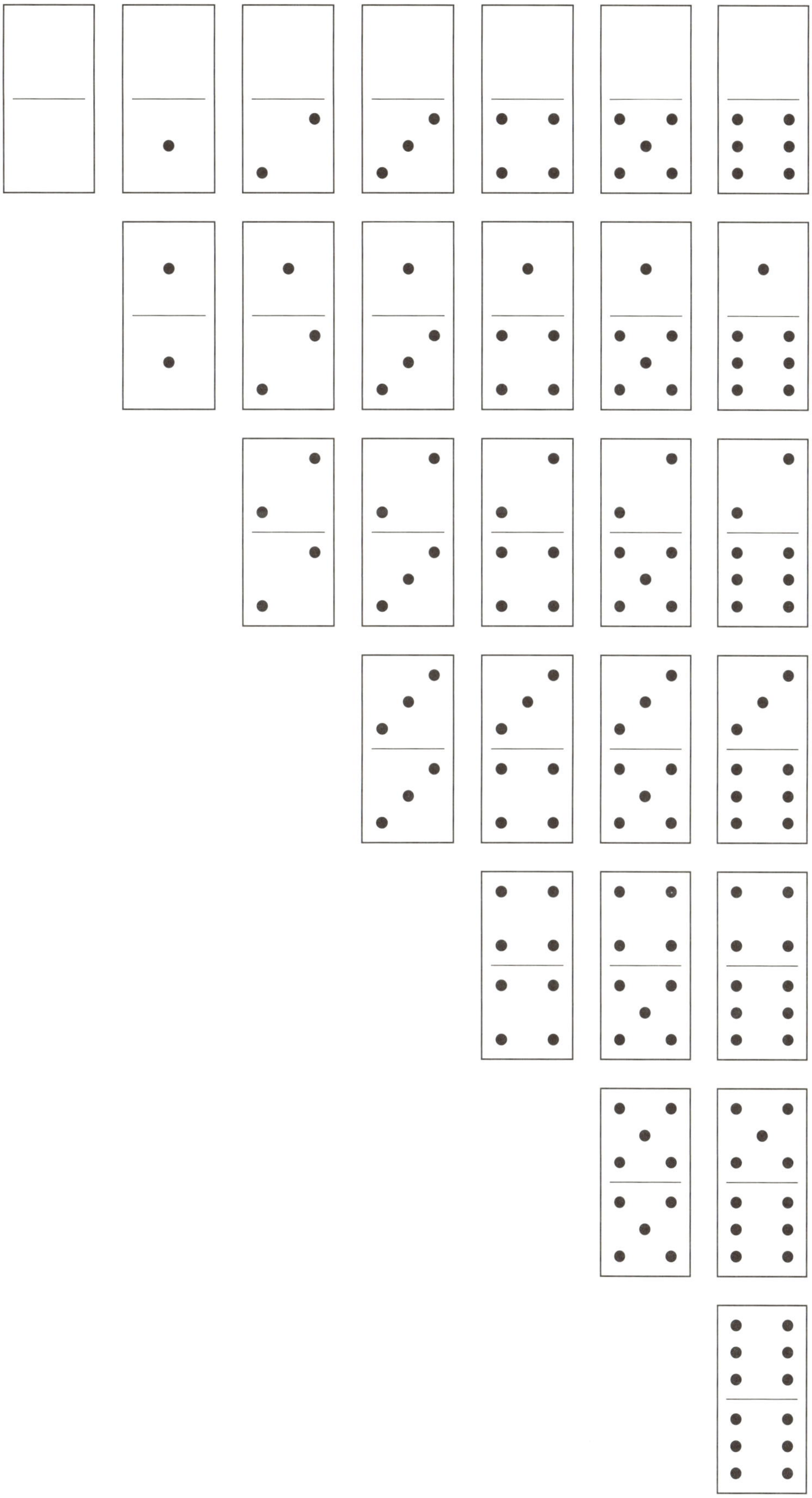

이웃하는 곳에 같은 점도미노를 놓으려고 합니다. 빈 곳에 알맞은 도미노를 보기에서 찾아 놓아보세요.

보기

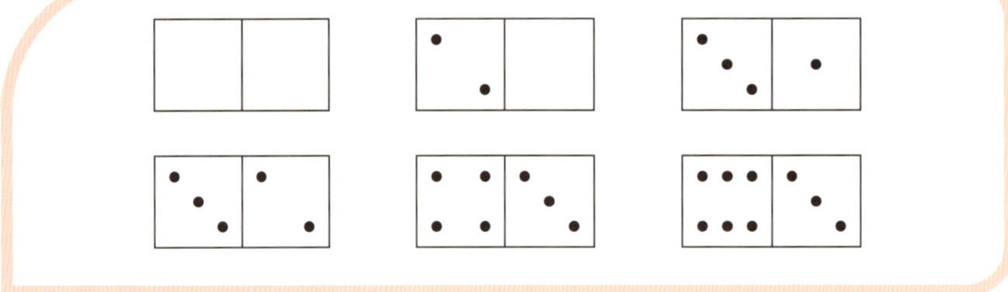

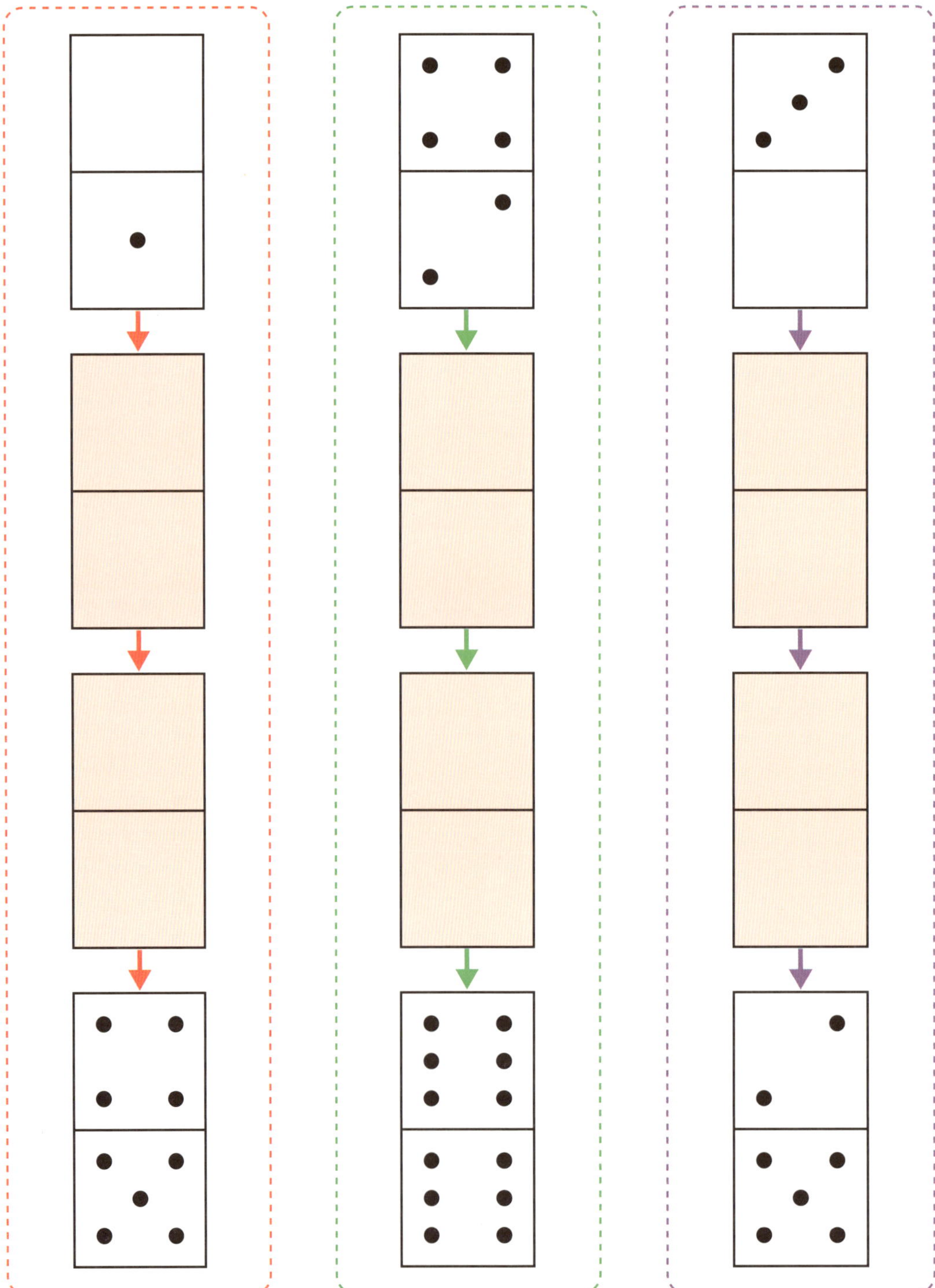

이웃하는 곳에 같은 점도미노를 놓으려고 합니다. 빈 곳에 알맞은 도미노를 보기에서 찾아 놓아보세요.

보기

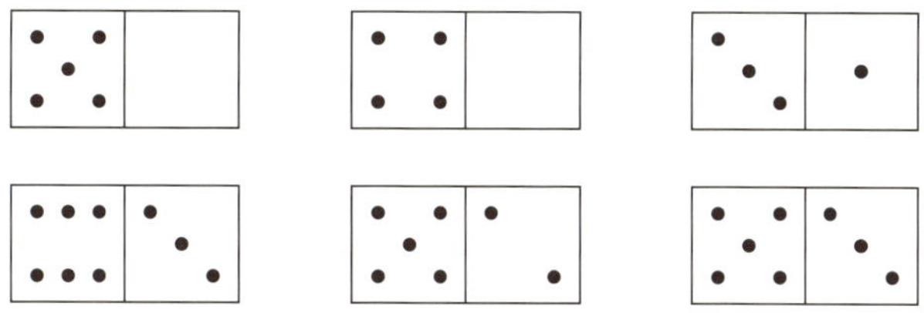

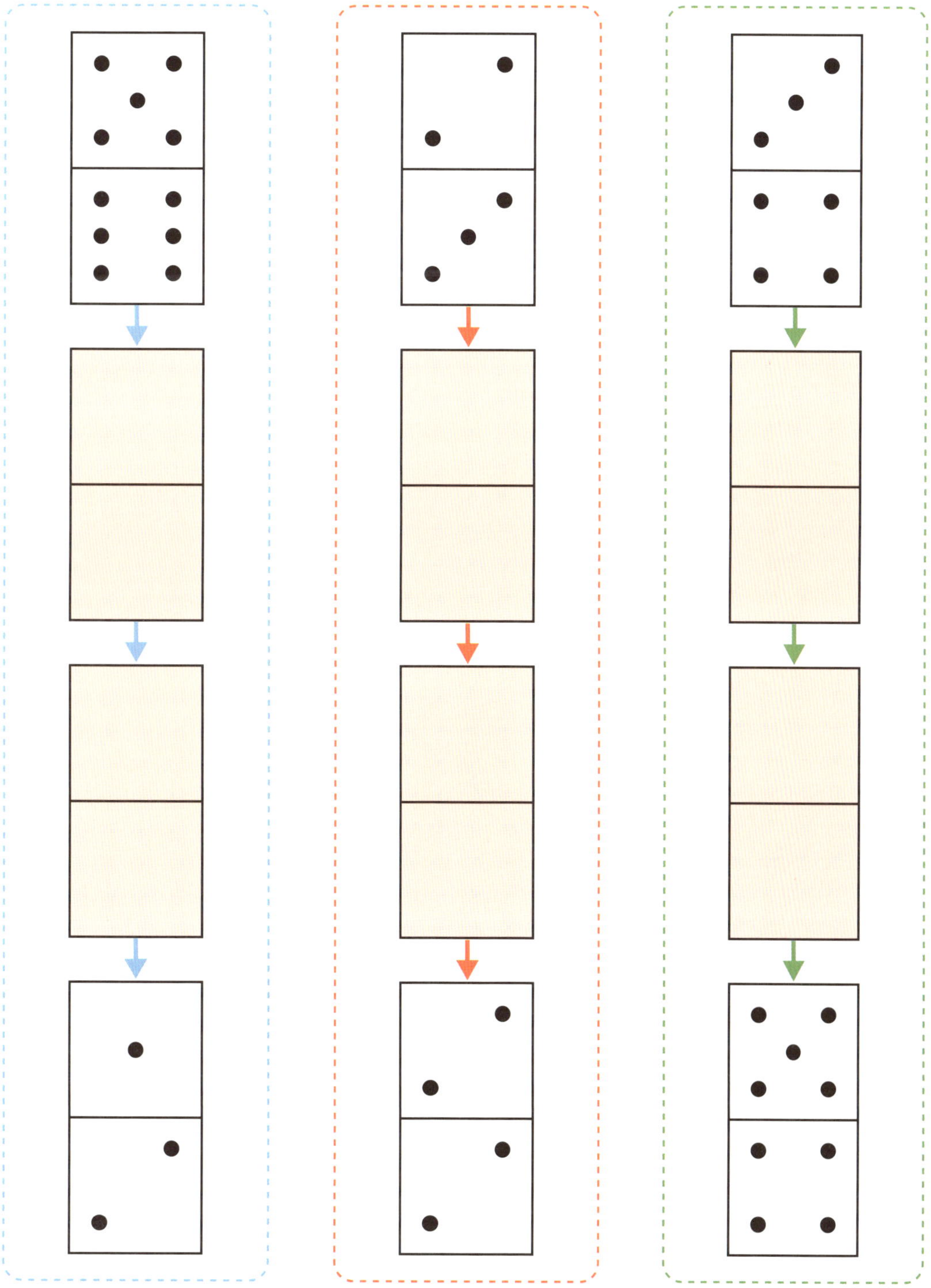

11. 도미노 차의 규칙

규칙성

다음 ○안의 수는 도미노 점의 차를 뜻합니다. 제시된 조건대로 오른쪽 도미노에 알맞은 색을 칠해보세요.

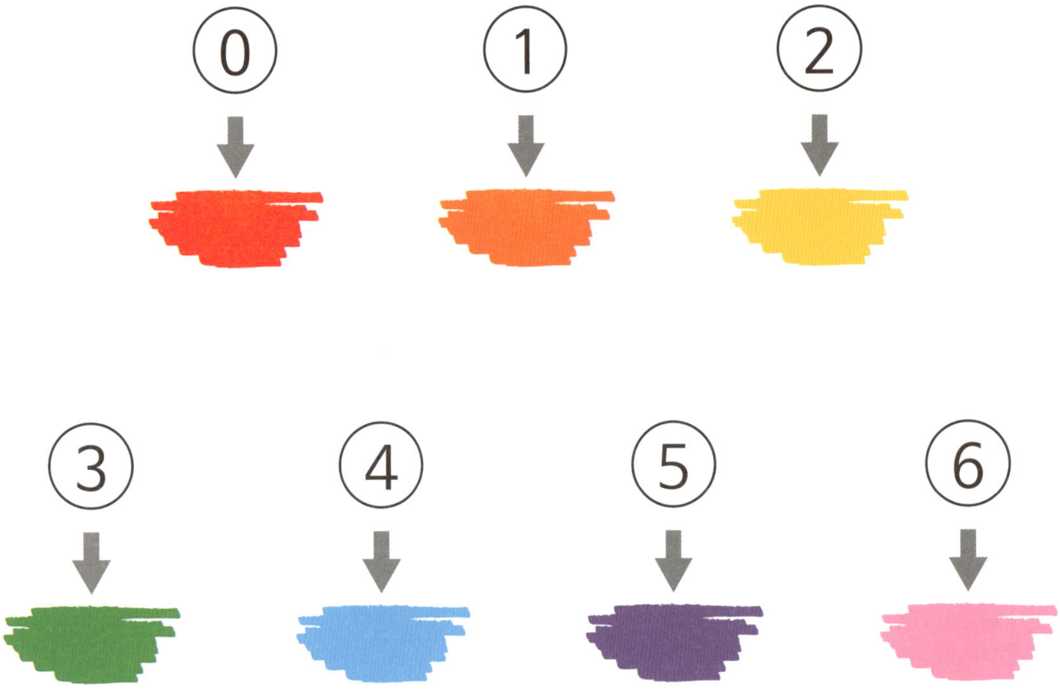

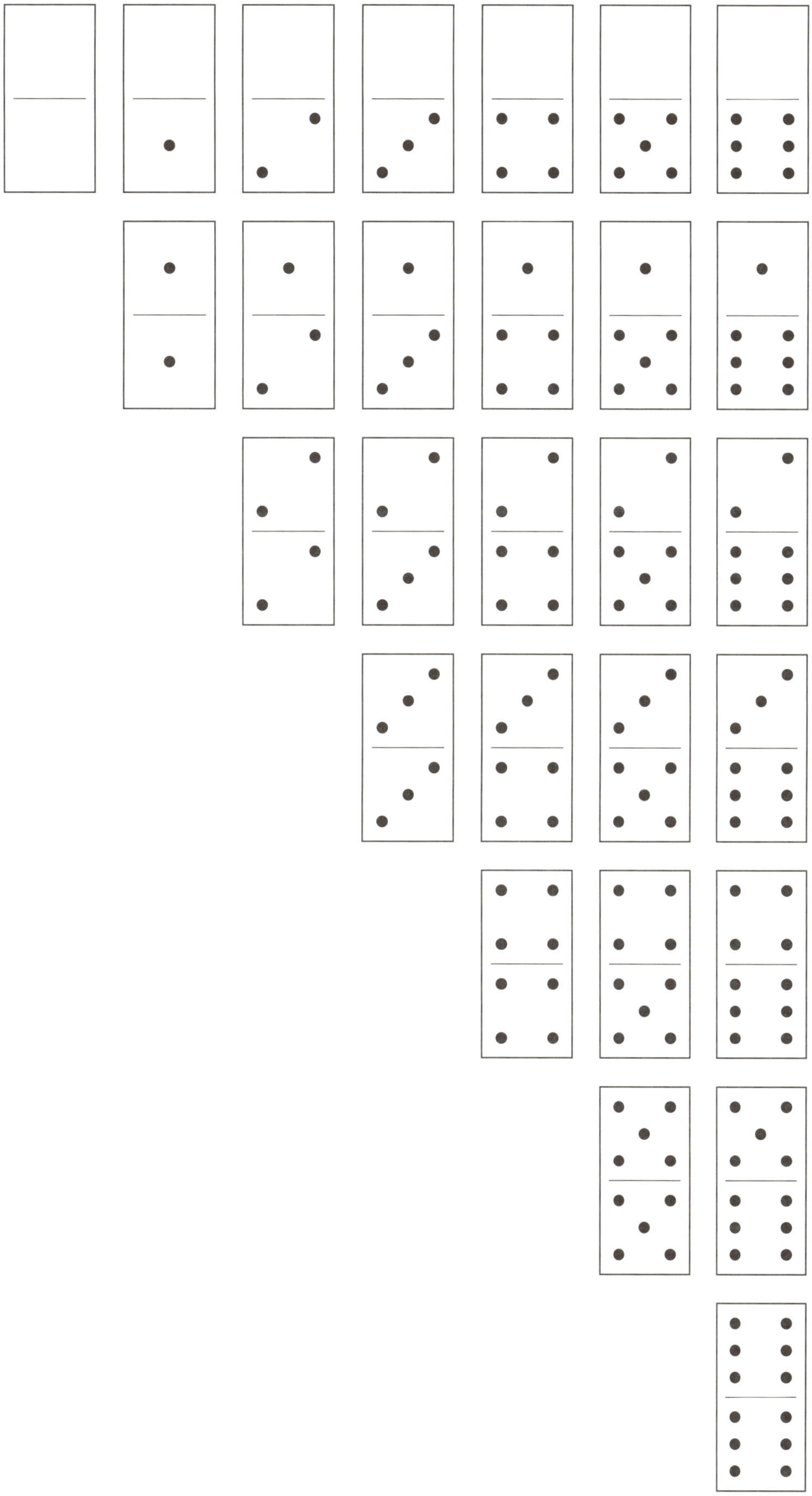

12. 수 구조 활동

다음 왼쪽 도미노와 관련이 있는 수를 찾아 ○하고, 이야기를 나눠보세요.

보기

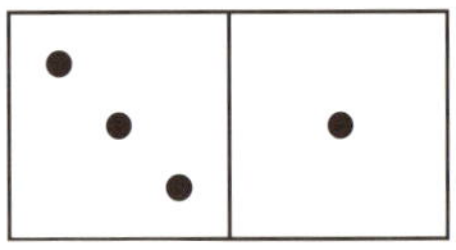

(1) (2) (3) (4) 5 (31)

- 1 ← 점의 수
- 2 ← 점의 차
- 3 ← 점의 수
- 4 ← 점의 합
- 31 ← 점으로 만들 수 있는 두 자리 수

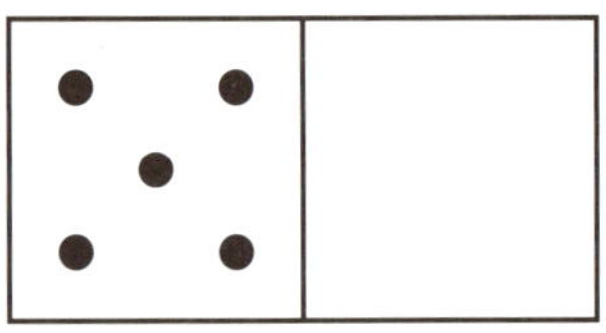

0　1　3　4　5　51

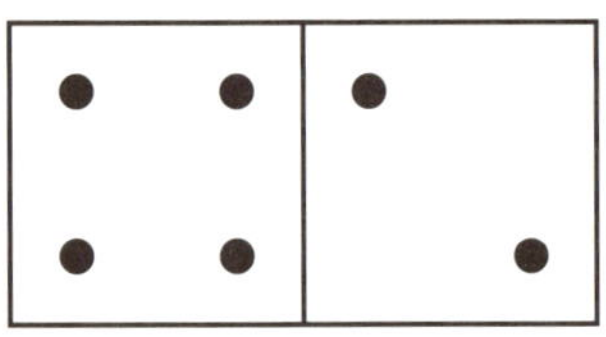

1　2　4　5　6　42

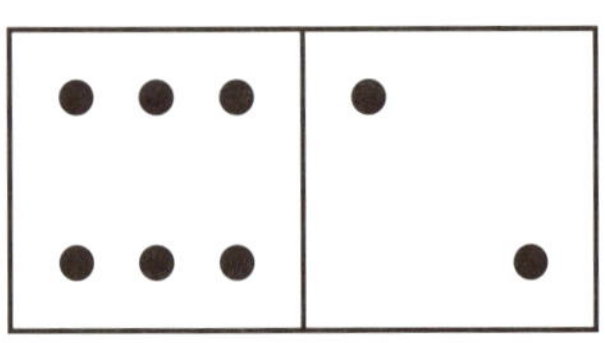

2　4　5　6　8　12

다음 왼쪽 도미노와 관련이 있는 수를 찾아 ○하고, 이야기를 나눠보세요.

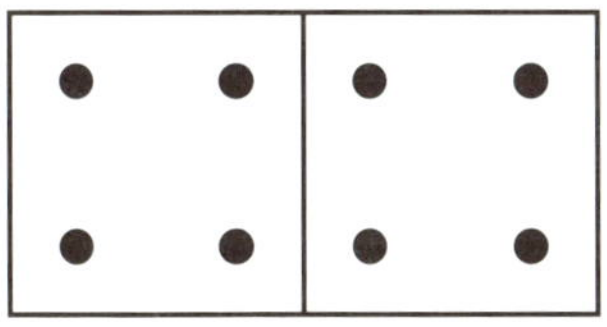

0　2　4　6　8　44

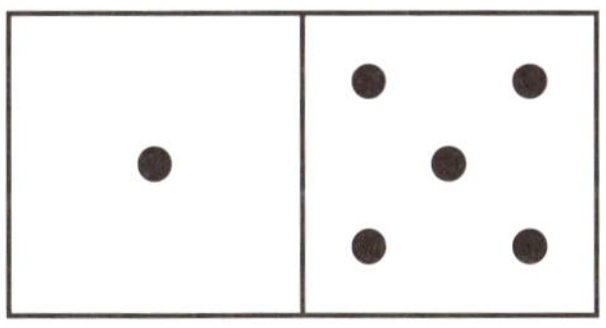

0　1　2　4　5　9　51

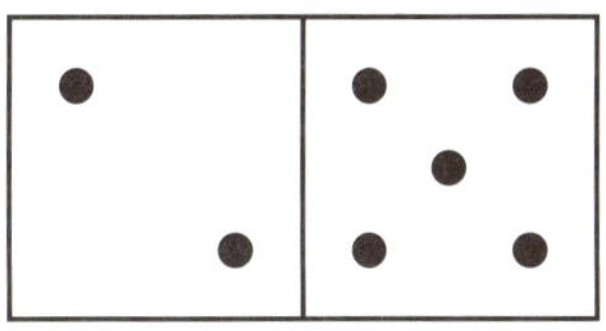

0　1　2　3　5　10

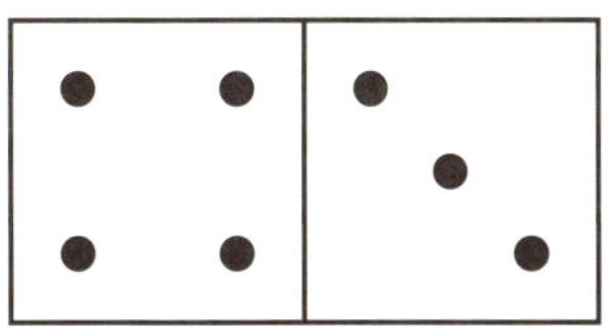

1　3　4　5　7　43

티칭 가이드 다양한 방법으로 수를 생각하게 하고 논리적으로 맞는다면 정답으로 해주세요.

13. 이웃하는 도미노 1

서로 이웃하는 점의 수가 같고, 모든 점의 합이 가운데 제시된 수가 되도록 색칠한 곳에 알맞은 도미노를 놓아보세요.

서로 이웃하는 점의 수가 같고, 모든 점의 합이 가운데 제시된 수가 되도록 색칠한 곳에 알맞은 도미노를 놓아보세요.

14. 이웃하는 도미노 2

도미노의 점의 합이 다음과 같도록 알맞은 도미노를 놓아보세요.
이때, 이웃하는 도미노의 점의 수가 같아야 합니다.

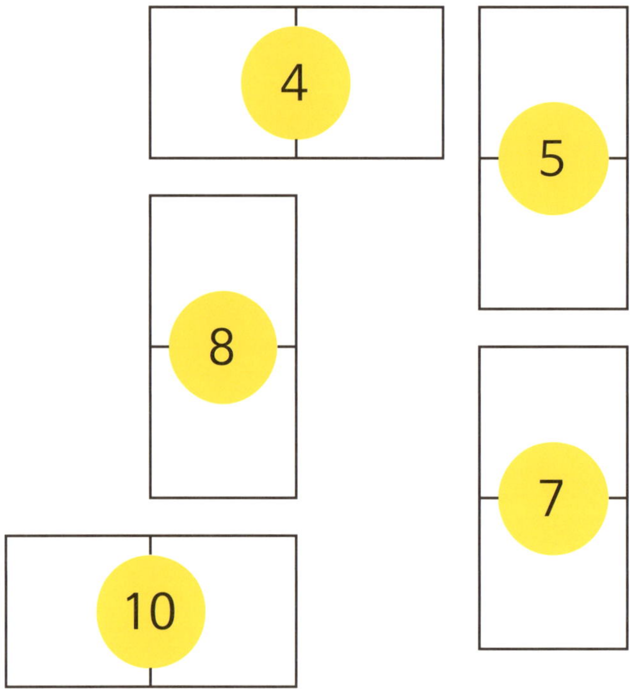

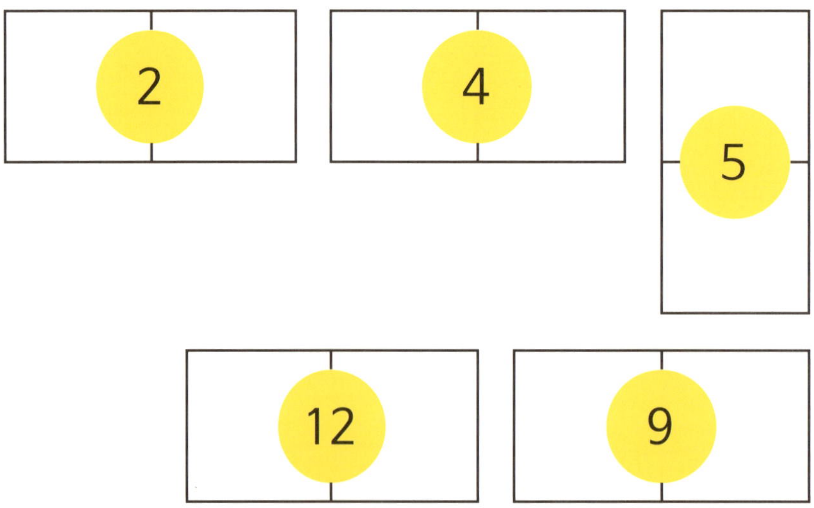

도미노의 점의 합이 다음과 같도록 알맞은 도미노를 놓아보세요.
이때, 이웃하는 도미노의 점의 수가 같아야 합니다.

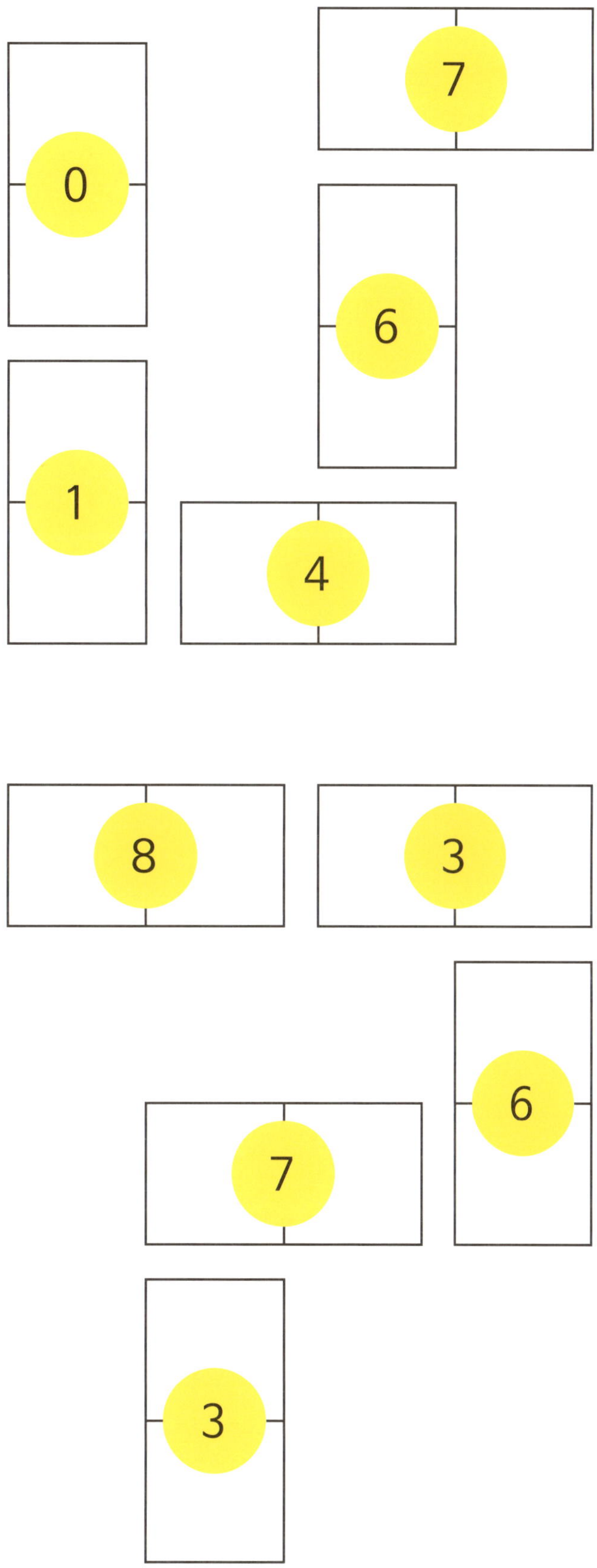

15. 이웃하는 도미노 3

도미노의 점의 차가 다음과 같도록 알맞은 도미노를 놓아보세요.
이때, 이웃하는 도미노의 점의 수가 같아야 합니다.

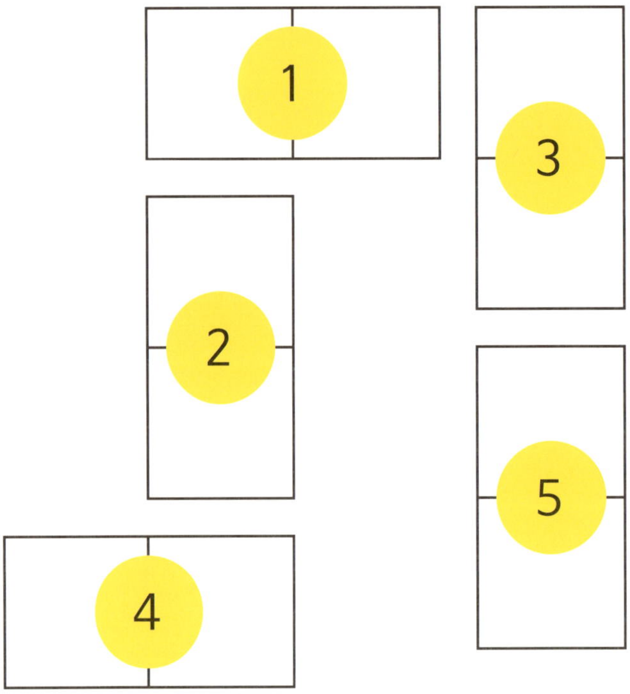

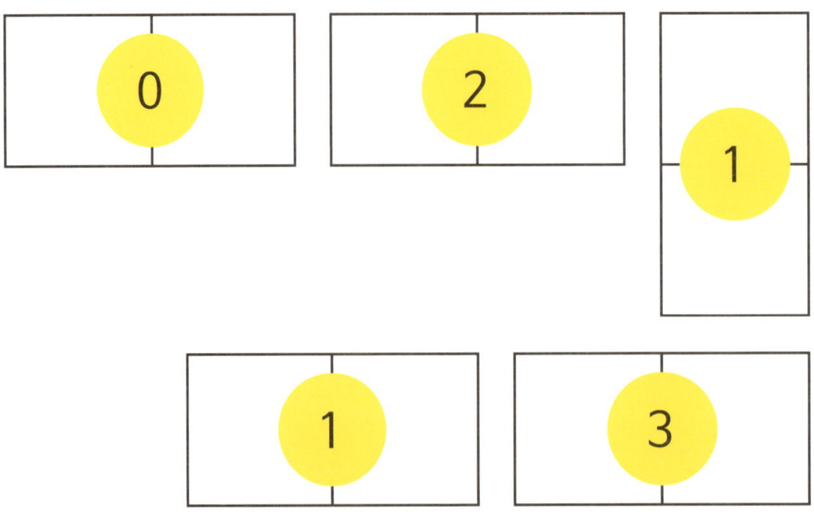

도미노의 눈의 차가 다음과 같도록 알맞은 도미노를 놓아보세요.
이때, 이웃하는 도미노의 점의 수가 같아야 합니다.

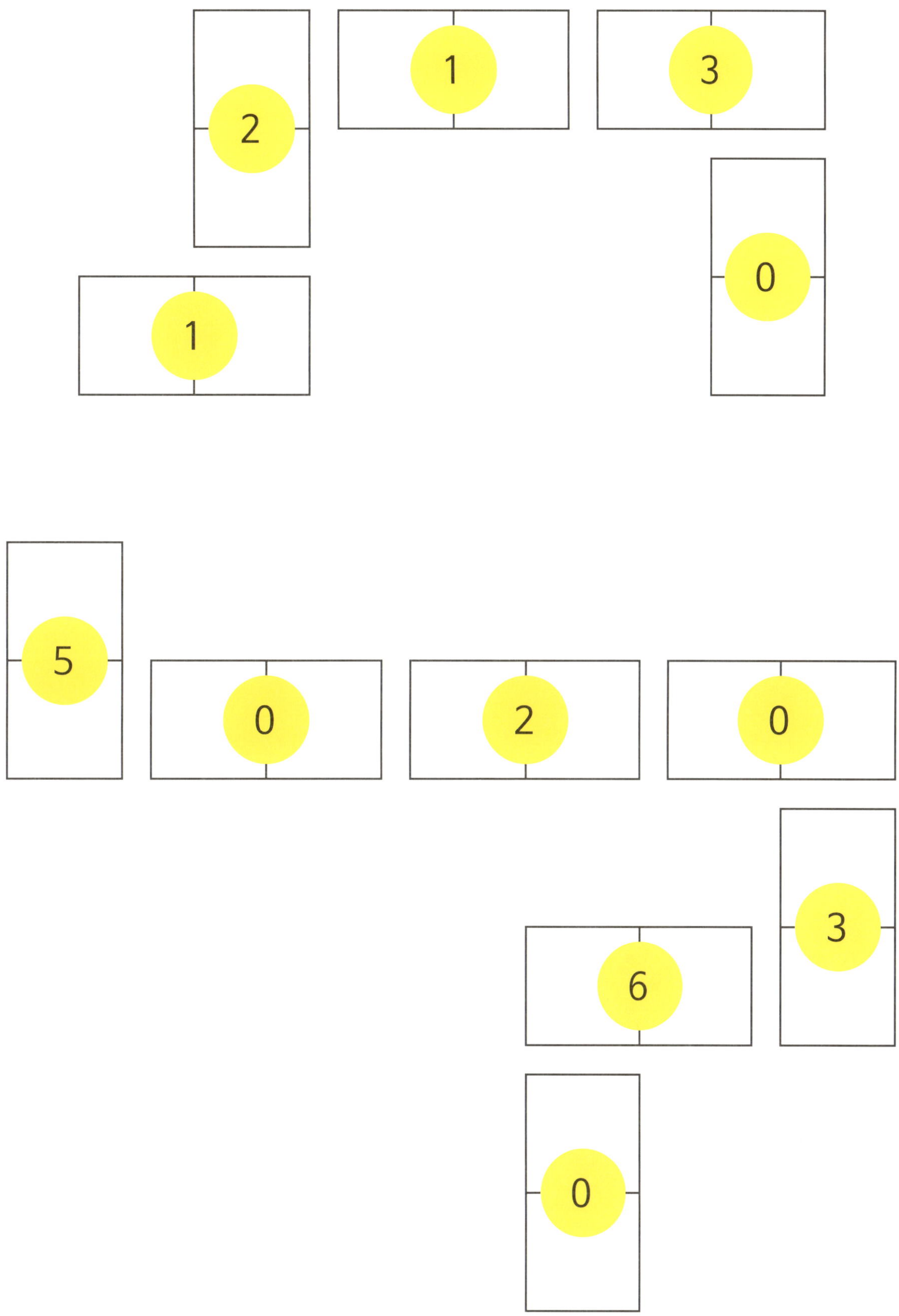

〈보기〉와 같이 가로줄과 세로줄에 놓인 점의 합이 가운데 수가 되도록 주어진 도미노를 놓아보세요.

보기

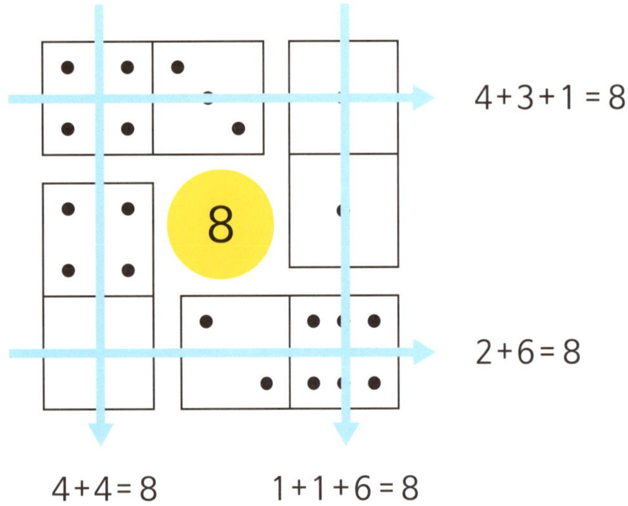

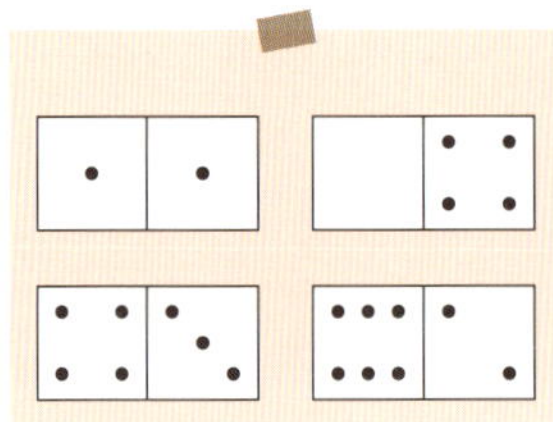

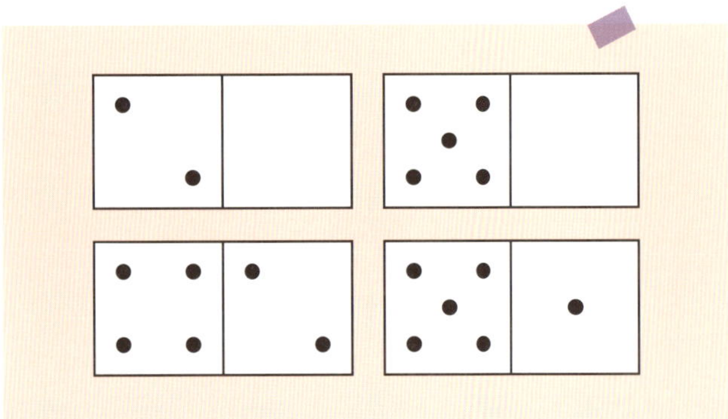

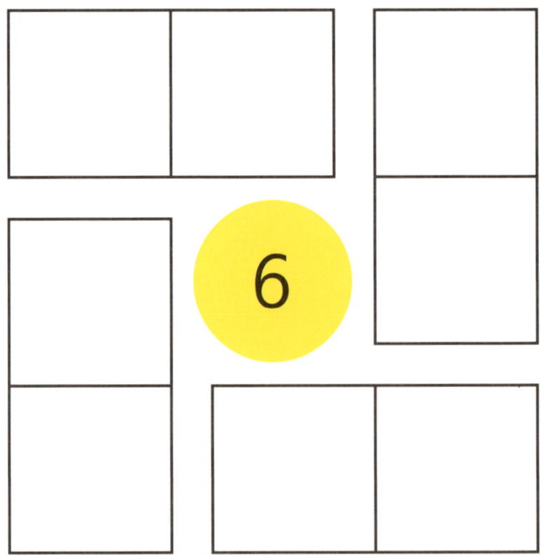

가로줄과 세로줄에 놓인 점의 합이 가운데 수가 되도록 주어진 도미노를 놓아보세요.

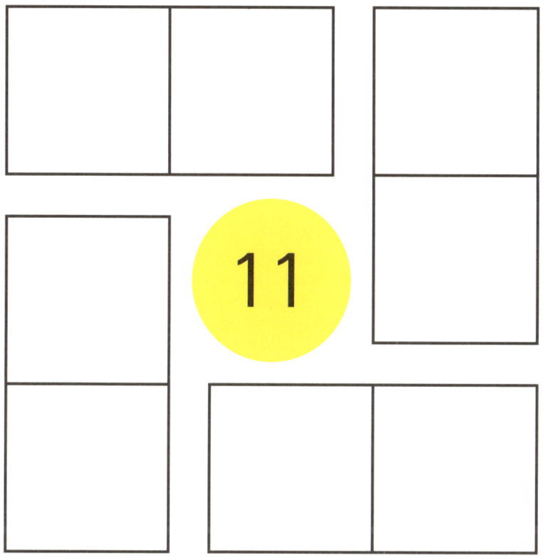

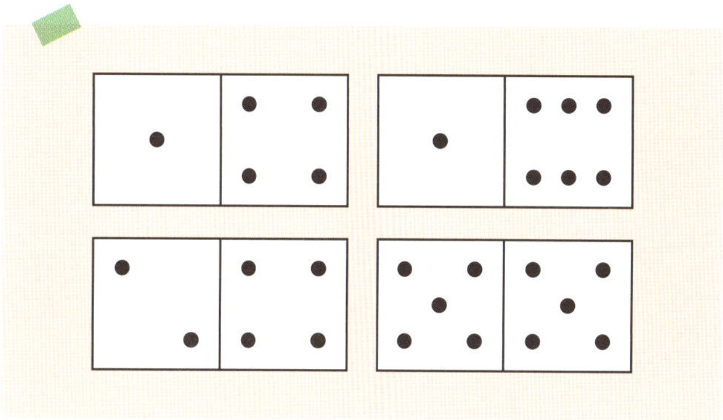

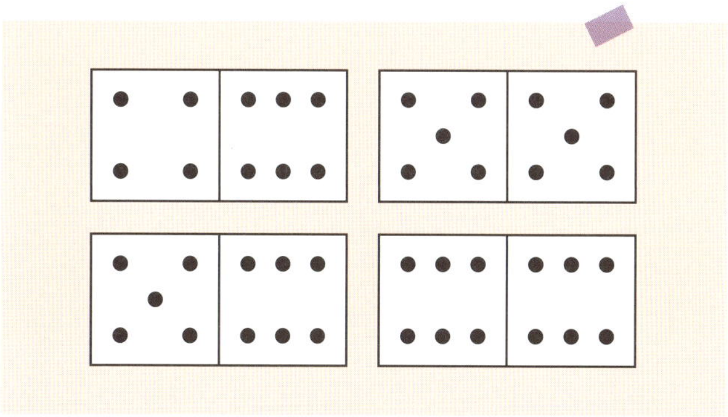

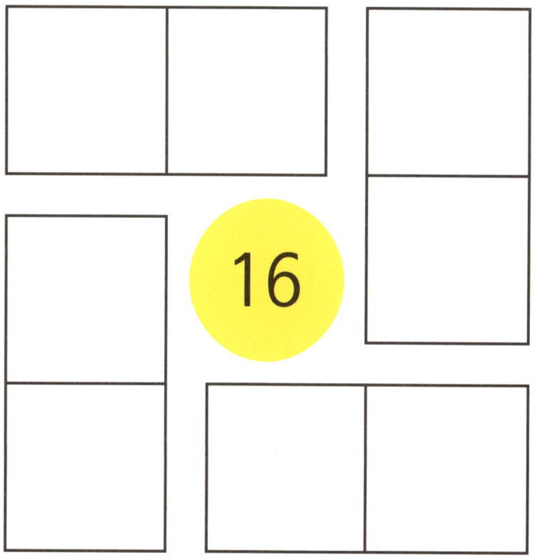

17. 도미노 점의 합

● 안에 쓰인 수는 연결된 도미노 점들의 합입니다. 이웃하는 부분의 도미노 점의 합이 말풍선 안의 수가 되도록 색칠된 곳에 도미노를 놓아보세요.

티칭 가이드 파란 말풍선을 활용하여 답을 구할 수 있는 방법을 생각합니다.

● 안에 쓰인 수는 연결된 도미노 점들의 합입니다. 이웃하는 부분의 도미노 점의 합이 말풍선 안의 수가 되도록 색칠된 곳에 도미노를 놓아보세요.

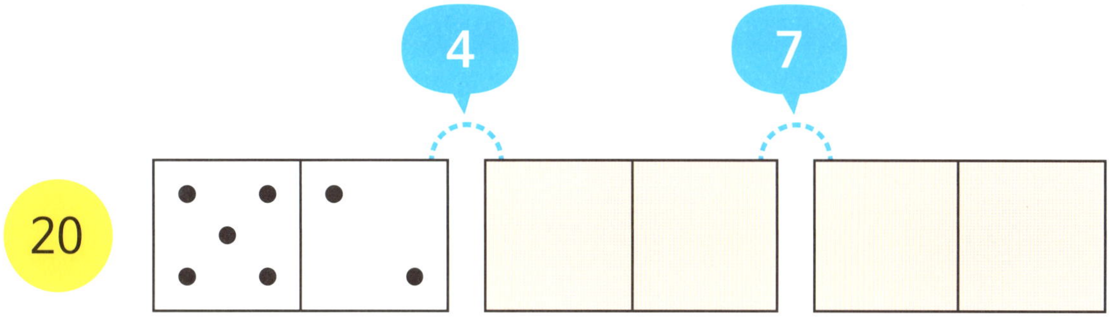

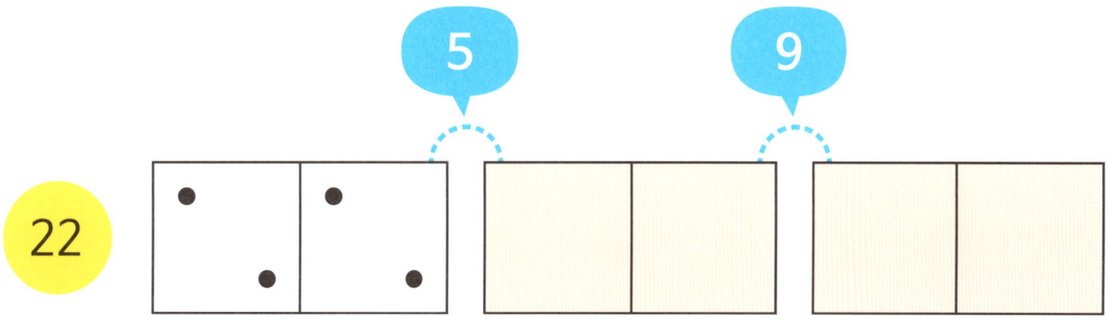

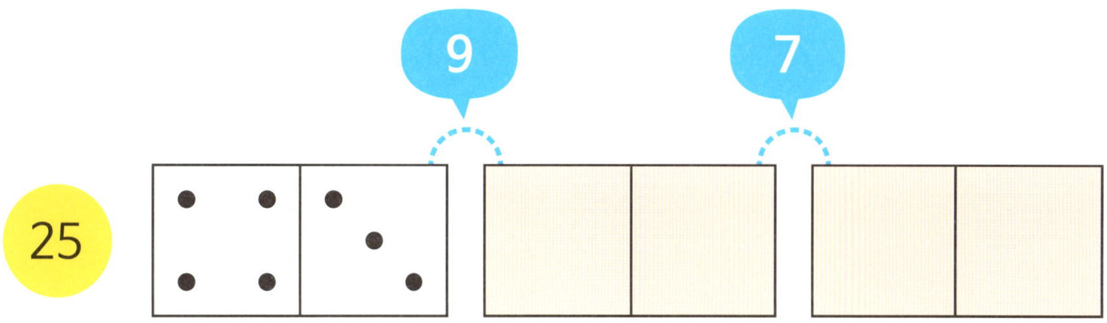

18. 자리 찾기 1

다음 제시된 도미노로 모양을 맞춰보세요.

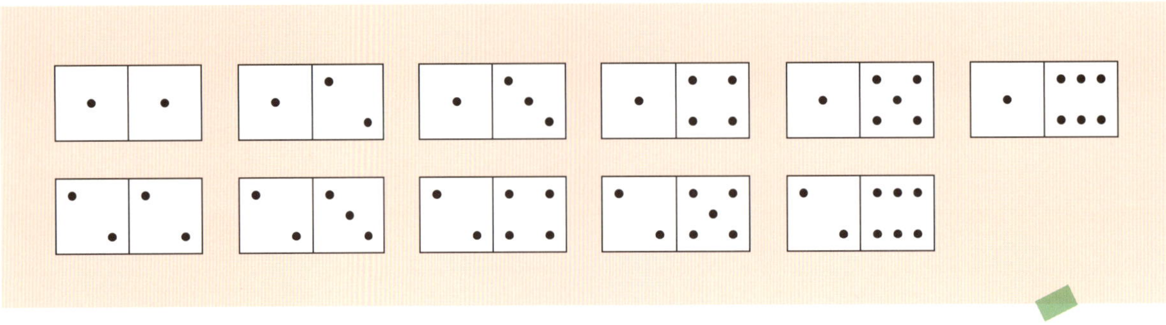

1	1	2	6	4	1
	3	2	2	1	
	5	4	2	2	
	1	6	1	5	
	1	3	2	2	

다음 제시된 도미노로 모양을 맞춰보세요.

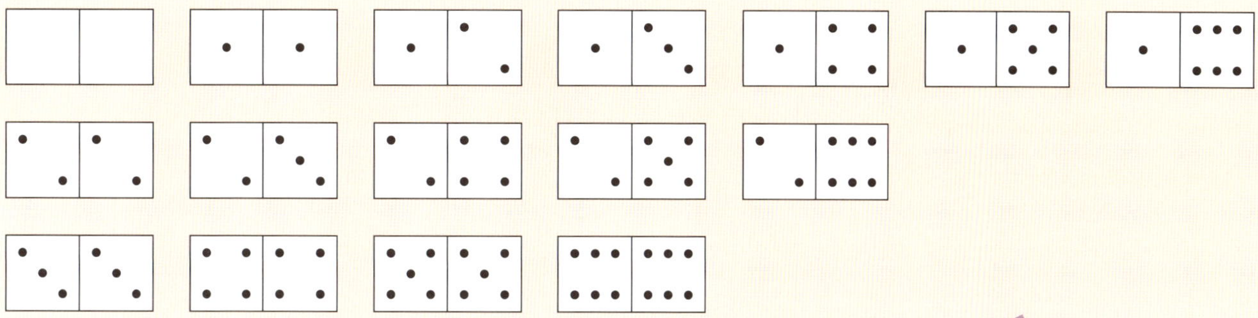

2	6	6	1
2	3	3	5
2	0	2	5
4	0	5	6
1	2	4	6
2	1	3	1
3	1	2	1
1	5	4	4

티칭 가이드

4 | 4 처럼 두 점이 같은 도미노의 위치부터 정하고 문제를 해결합니다.

다음 모양을 맞춰보세요.

		6	6	4	6
4	3	2	5	4	4
2	2	4	6	6	5
3	2	2	2	5	3
	3	3	4	5	
	6	3	5	5	

다음 모양을 맞춰보세요.

		5	5		
		6	5		
		2	4		
	5	2	6	3	
4	3	6	6	2	2
4	2	6	4	4	4
	2	3	5	3	
		3	5		
		3	6		

다음 모양을 맞춰보세요.

		1	2		
	5	1	3	4	
	3	4	4	1	
	6	2	2	2	
3	4	3	6	2	4
6	5	1	5	5	6
5	6	5	2	3	1
	6	4	5	1	
	3	3	1	2	
		4	6		

다음 모양을 맞춰보세요.

4	3	6	3	3	4
4	6	6	3	1	4
3	4	1	3	5	2
1	5	5	2	5	1
2	2	1	2	4	1
6	6	1	4	6	3
5	6	2	5	2	5

정답 제시된 방법 외에 다양한 답이 나올 수 있습니다.

p.6

1. 도미노 익히기

도형

도미노란 정사각형 2개를 변끼리 붙인 직사각형 모양을 뜻합니다. 다음 모양 중에서 도미노를 찾아 ○하세요.

p.7

교구탐색

도미노 조각을 길게 놓고 한번에 쓰러뜨려 보세요.

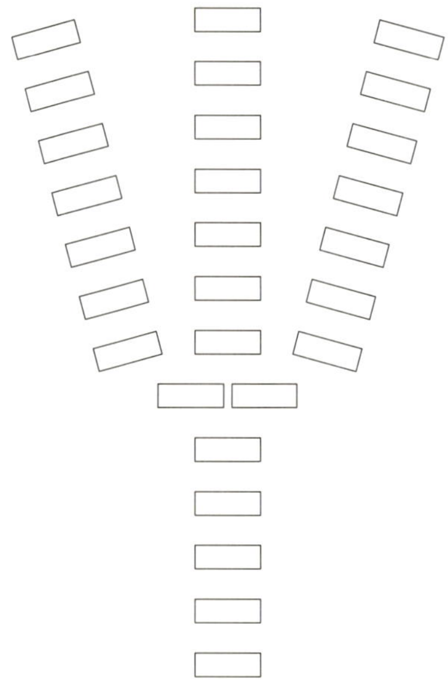

p.8

2. 색도미노 만들기

도형

다음 모양의 도미노 스티커를 나무 타일에 붙여 보세요.

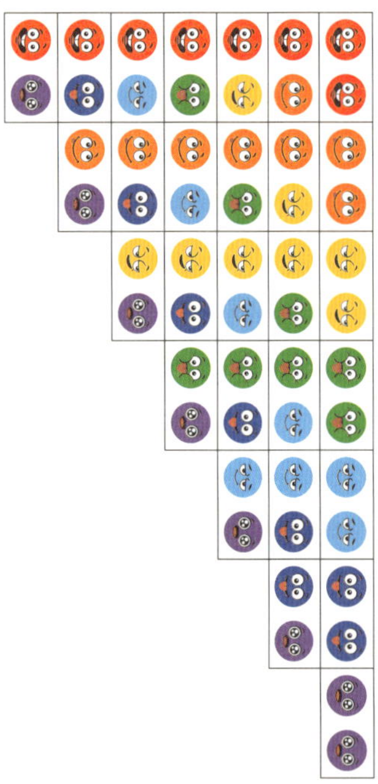

p.9

교구탐색

색도미노를 보고 다음 물음에 답하세요.

1) 도미노는 모두 몇 개인가요? 28 개

2) 몬스터는 모두 몇 가지 색인가요? 7 개

3) 제시된 색깔의 몬스터는 각각 몇 개인가요?

개수	8	8	8	8	8	8	8

제시된 방법 외에 다양한 답이 나올 수 있습니다.

p.10

3. 모양 만들기 1

도형

색도미노로 다음 모양을 맞춰보세요.

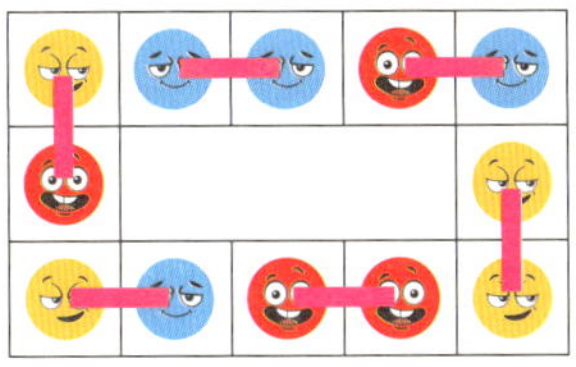

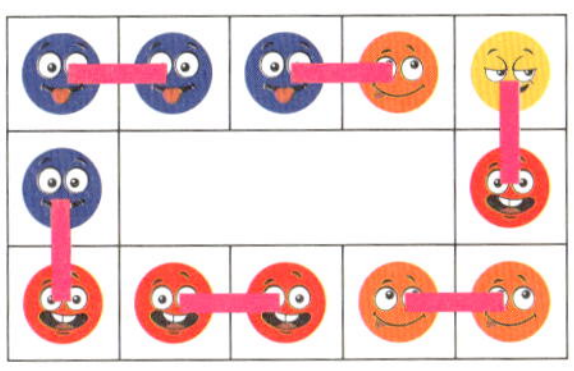

티칭 가이드 색도미노 활동을 할 때, 그림이 뒤집어지거나 방향이 다른 것은 상관없습니다.

p.11

모양 만들기

색도미노로 다음 모양을 맞춰보세요.

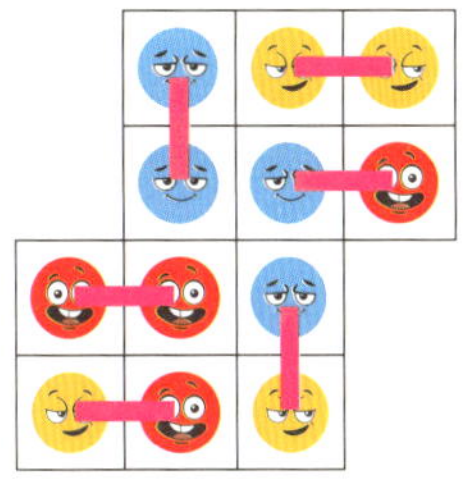

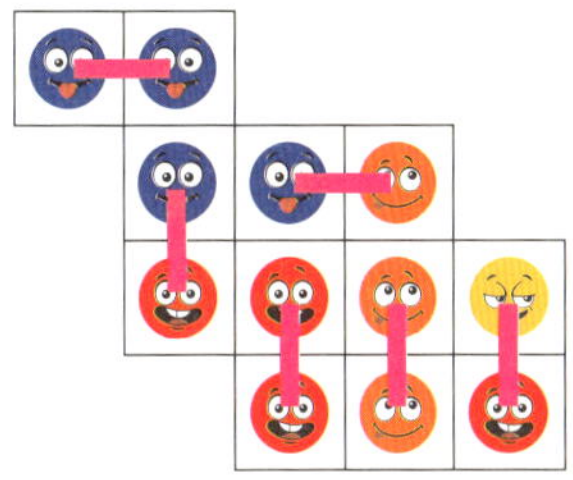

티칭 가이드 답을 표시하는 방법은 선으로 표시하기( ) 또는 테두리 굵게 표시하기( ) 등의 방법을 사용합니다.

p.12

4. 이웃하는 길

규칙

몬스터가 친구를 만나려면 길을 완성해야 해요. 다음 조건에 맞게 길을 완성해 보세요.

이웃하는 곳에 같은 색이 와야 해요.

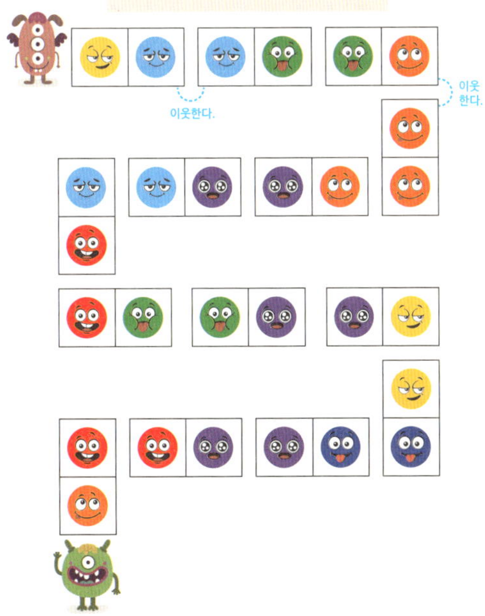

p.13

규칙

다음 조건에 맞게 길을 완성해 보세요.

이웃하는 곳에 같은 색이 와야 해요.

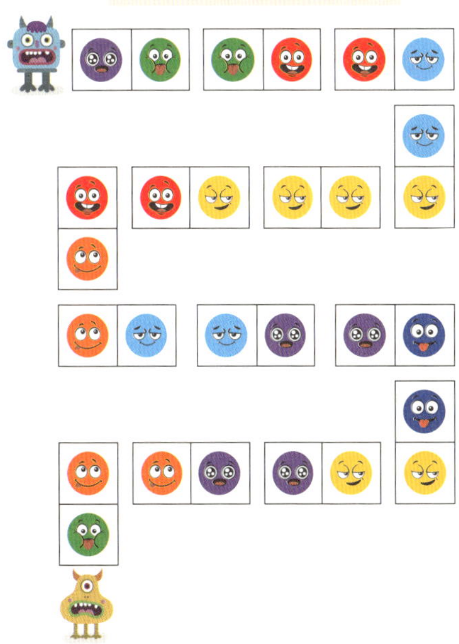

정답 제시된 방법 외에 다양한 답이 나올 수 있습니다.

p.14

5. 이웃하는 사각형

규칙성

이웃하는 곳에 같은 색이 오도록 알맞은 도미노를 놓아보세요.

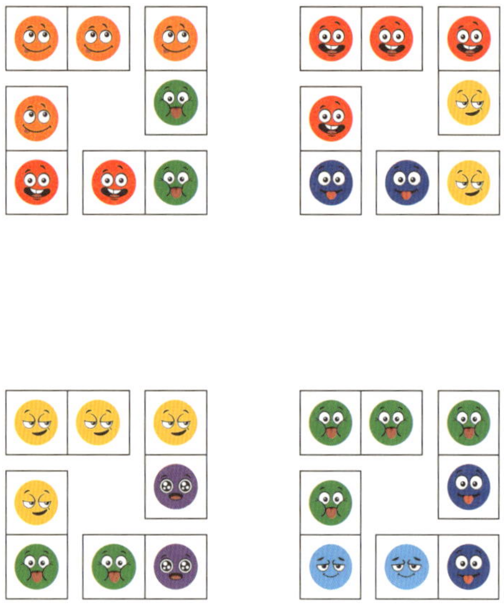

p.15

이웃하게 놓기

이웃하는 곳에 같은 색이 오도록 알맞은 도미노를 놓아보세요.

나만의 방법으로 만들어볼까?

(예)

p.16

6. 모양 만들기 2

도형

제시된 도미노로 다음 모양을 만들어 보세요.

p.17

모양만들기

제시된 도미노로 다음 모양을 만들어 보세요.

제시된 방법 외에 다양한 답이 나올 수 있습니다.

p.18

7. 모양 만들기 3

모양 만들기

다음 모양을 만들어 보세요.

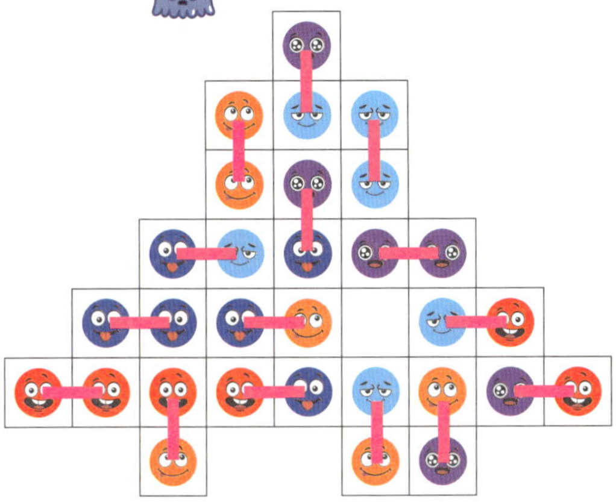

p.19

모양 만들기

다음 모양을 만들어 보세요.

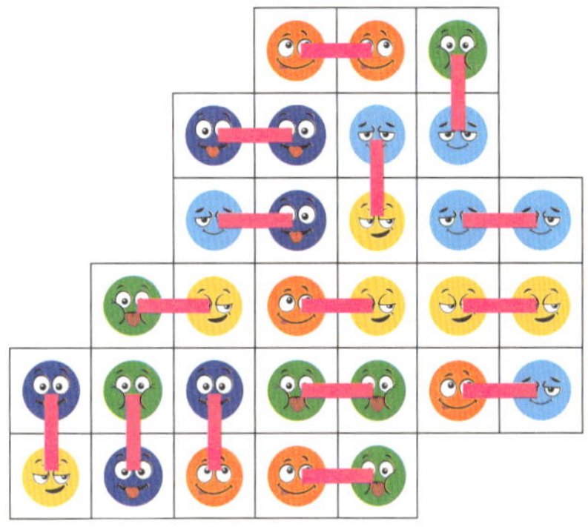

p.20

8. 점도미노 만들기

도형

다음 모양의 도미노 스티커를 나무 타일에 붙여 보세요.

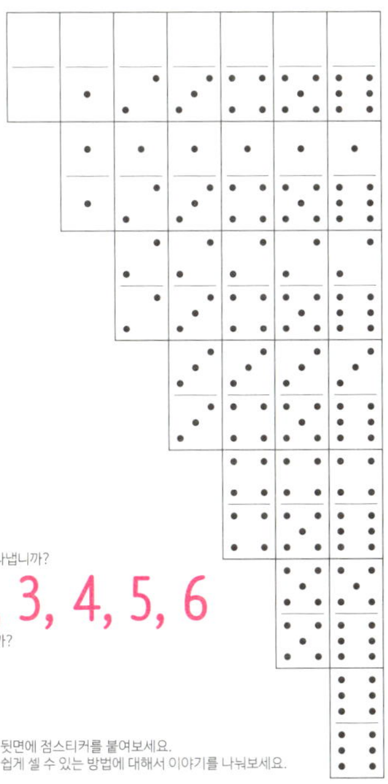

1) 도미노의 점은 무엇을 나타냅니까?

0, 1, 2, 3, 4, 5, 6

2) 도미노는 모두 몇 개입니까?

28개

티칭 가이드
1) 색도미노 뒷면에 점스티커를 붙여보세요.
2) 도미노를 쉽게 셀 수 있는 방법에 대해서 이야기를 나눠보세요.

p.21

교구탐색

점도미노를 보고 주어진 물음에 답하세요.

1) [0] 이 있는 도미노를 모두 찾아보세요.

0	0

0	1

0	2

0	3

0	4

0	5

0	6

2) 도미노 점의 수가 같은 도미노를 모두 찾아보세요.

0	0

1	1

2	2

3	3

4	4

5	5

6	6

정답 제시된 방법 외에 다양한 답이 나올 수 있습니다.

p.22

9. 도미노 합의 규칙

규칙성

다음 ○안의 수는 두 점의 합을 뜻합니다. 제시된 조건대로 오른쪽 도미노에 알맞은 색을 칠해보세요.

p.23

점의 합의 규칙

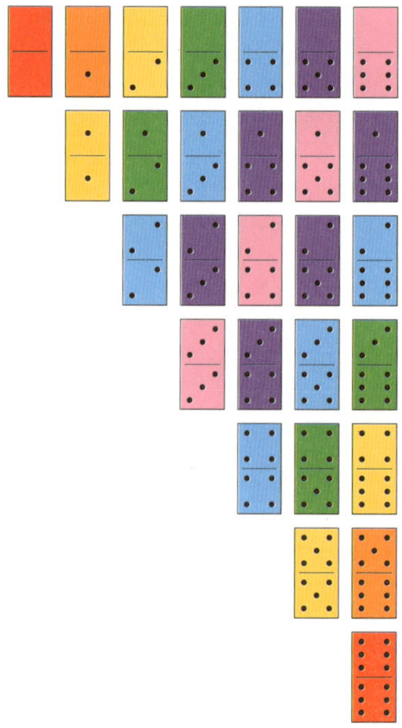

p.24

10. 규칙 알기

규칙성

이웃하는 곳에 같은 점도미노를 놓으려고 합니다. 빈 곳에 알맞은 도미노를 보기에서 찾아 놓아보세요.

보기

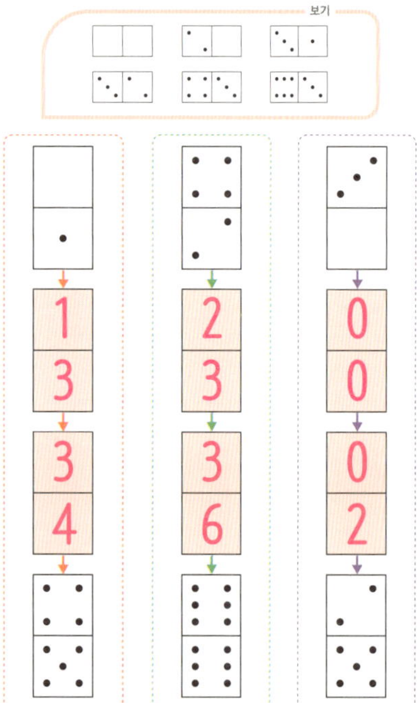

p.25

규칙적으로 놓기

이웃하는 곳에 같은 점도미노를 놓으려고 합니다. 빈 곳에 알맞은 도미노를 보기에서 찾아 놓아보세요.

보기

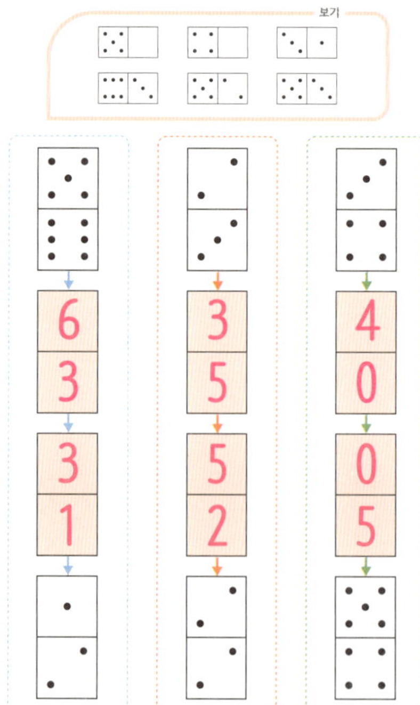

제시된 방법 외에 다양한 답이 나올 수 있습니다.

p.26

11. 도미노 차의 규칙

규칙성

다음 ○안의 수는 도미노 점의 차를 뜻합니다. 제시된 조건대로 오른쪽 도미노에 알맞은 색을 칠해보세요.

p.27

점의 차의 규칙

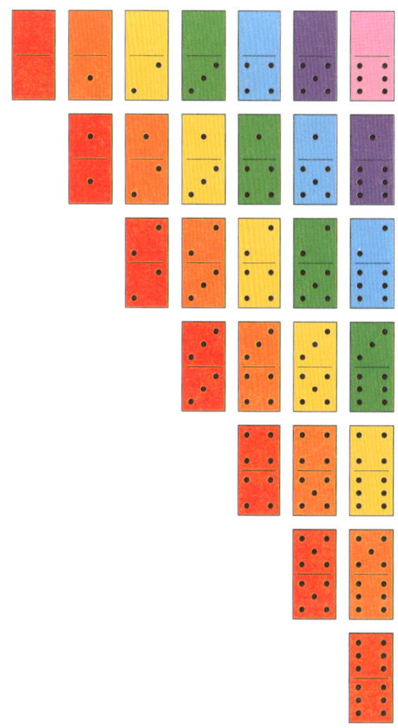

p.28

12. 수 구조 활동

수와 연산

다음 왼쪽 도미노와 관련이 있는 수를 찾아 ○하고, 이야기를 나눠보세요.

보기

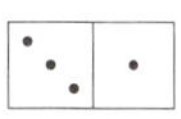

(1) (2) (3) (4) 5 (31)

점의 수 → 1, 점의 차 → 2, 점의 수 → 3, 점의 합 → 4, 점으로 만들 수 있는 두 자리 수 → 31

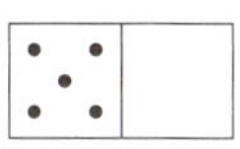

(0) 1 3 4 (5) 51

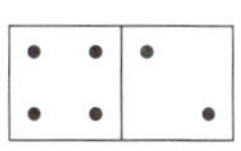

1 (2) (4) 5 (6) (42)

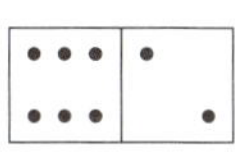

(2) (4) 5 (6) (8) (12)

↑ 두 수의 곱

p.29

문제해결

다음 왼쪽 도미노와 관련이 있는 수를 찾아 ○하고, 이야기를 나눠보세요.

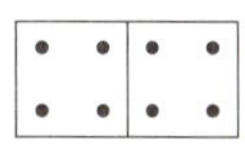

(0) 2 (4) 6 (8) (44)

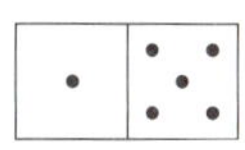

0 (1) 2 (4) (5) 9 (51)

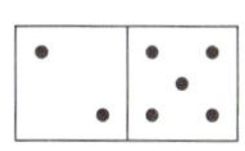

0 1 (2) (3) (5) (10)

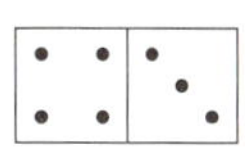

(1) (3) (4) 5 (7) (43)

티칭 가이드 다양한 방법으로 수를 생각하게 하고 논리적으로 맞는다면 정답으로 해주세요.

정답 제시된 방법 외에 다양한 답이 나올 수 있습니다.

p.30

13. 이웃하는 도미노 1

수와 연산

서로 이웃하는 점의 수가 같고, 모든 점의 합이 가운데 제시된 수가 되도록 색칠한 곳에 알맞은 도미노를 놓아보세요.

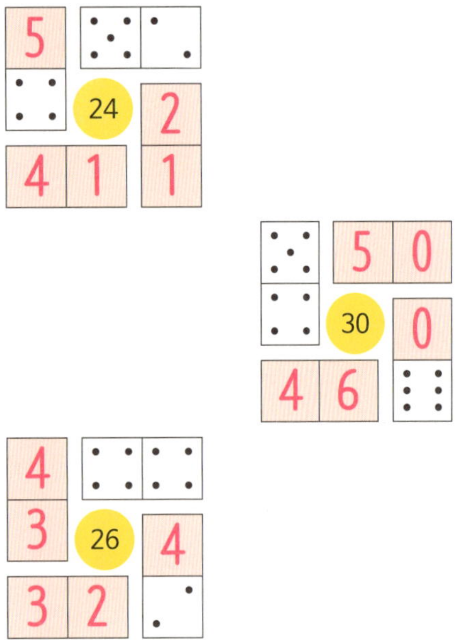

p.31

문제해결

서로 이웃하는 점의 수가 같고, 모든 점의 합이 가운데 제시된 수가 되도록 색칠한 곳에 알맞은 도미노를 놓아보세요.

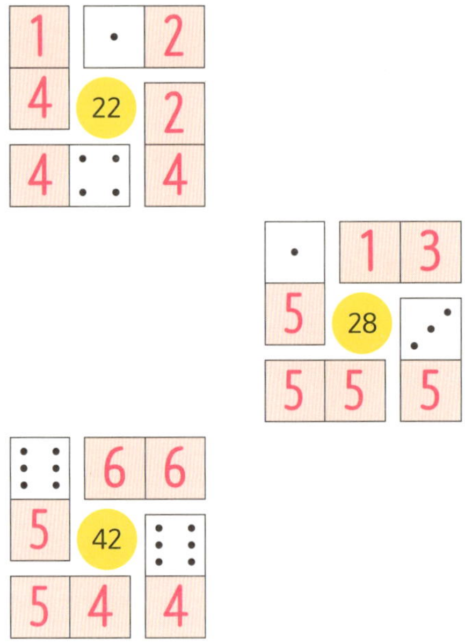

p.32

14. 이웃하는 도미노 2

수와 연산

도미노의 점의 합이 다음과 같도록 알맞은 도미노를 놓아보세요.
이때, 이웃하는 도미노의 점의 수가 같아야 합니다.

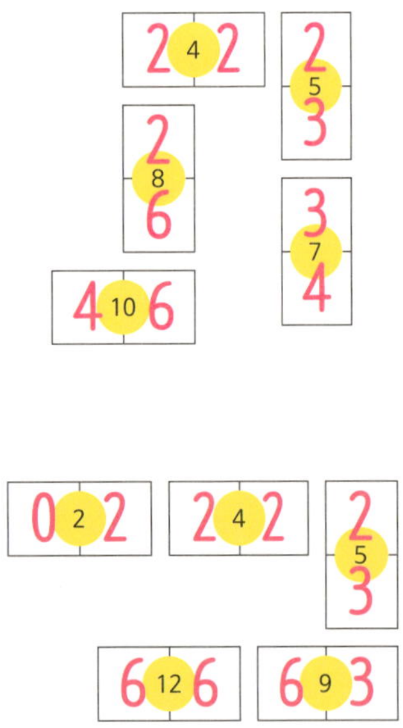

p.33

문제해결

도미노의 점의 합이 다음과 같도록 알맞은 도미노를 놓아보세요.
이때, 이웃하는 도미노의 점의 수가 같아야 합니다.

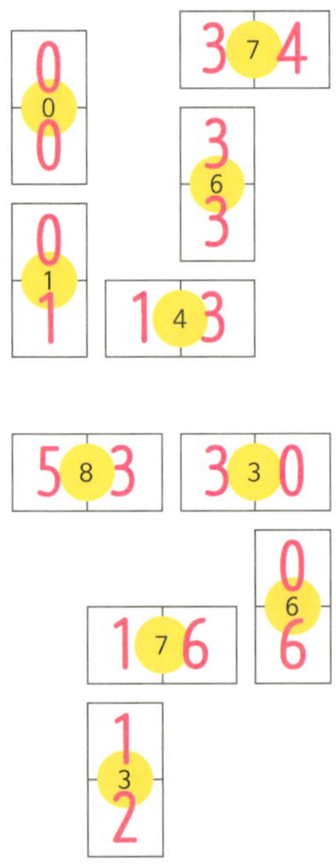

제시된 방법 외에 다양한 답이 나올 수 있습니다.

p.34

15. 이웃하는 도미노 3

수와 연산

도미노의 점의 차가 다음과 같도록 알맞은 도미노를 놓아보세요.
이때, 이웃하는 도미노의 점의 수가 같아야 합니다.

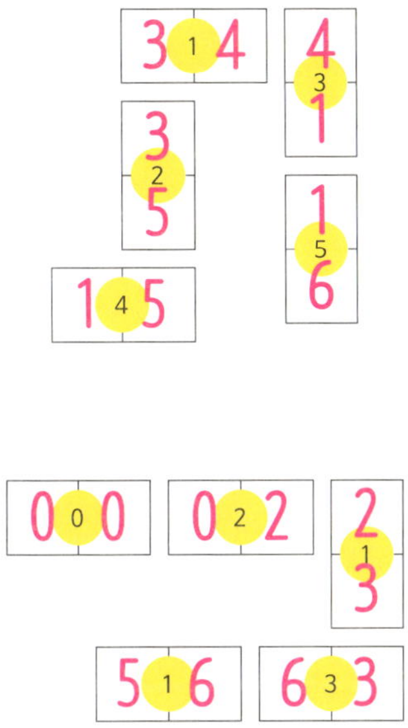

p.35

문제해결

도미노의 눈의 차가 다음과 같도록 알맞은 도미노를 놓아보세요.
이때, 이웃하는 도미노의 점의 수가 같아야 합니다.

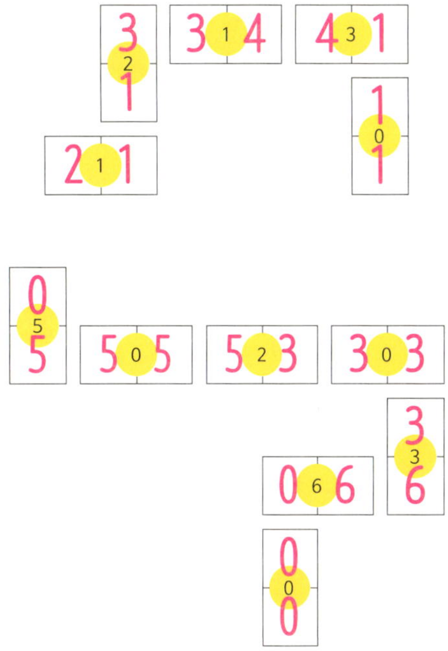

p.36

16. 마방진

마방진

〈보기〉와 같이 가로줄과 세로줄에 놓인 점의 합이 가운데 수가 되도록 주어진 도미노를 놓아보세요.

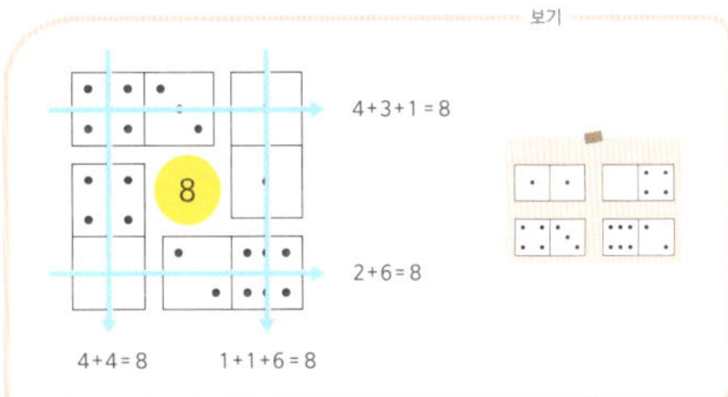

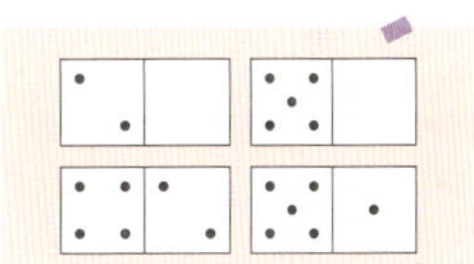

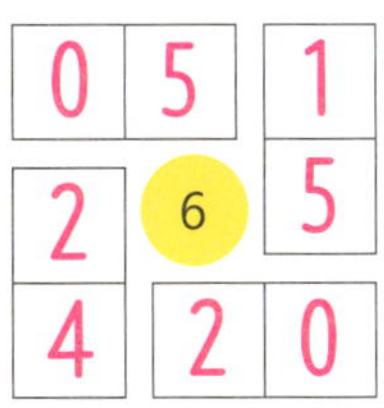

p.37

마방진

가로줄과 세로줄에 놓인 점의 합이 가운데 수가 되도록 주어진 도미노를 놓아보세요.

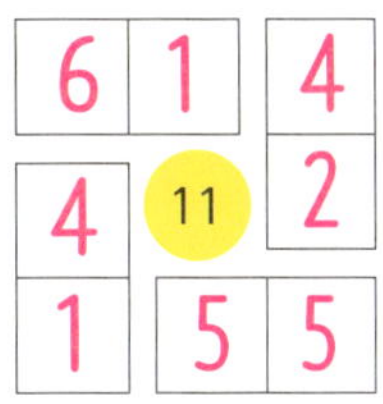

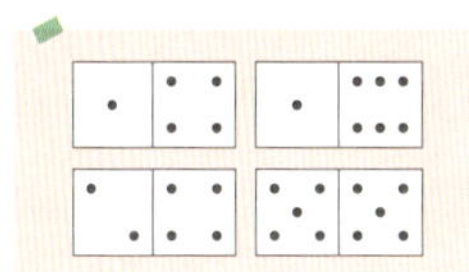

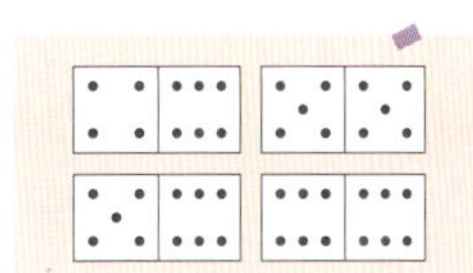

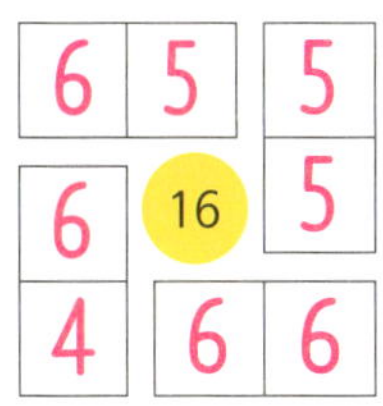

정답 제시된 방법 외에 다양한 답이 나올 수 있습니다.

p.38

17. 도미노 점의 합

수와 연산

안에 쓰인 수는 연결된 도미노 점들의 합입니다. 이웃하는 부분의 도미노 점의 합이 말풍선 안의 수가 되도록 색칠된 곳에 도미노를 놓아보세요.

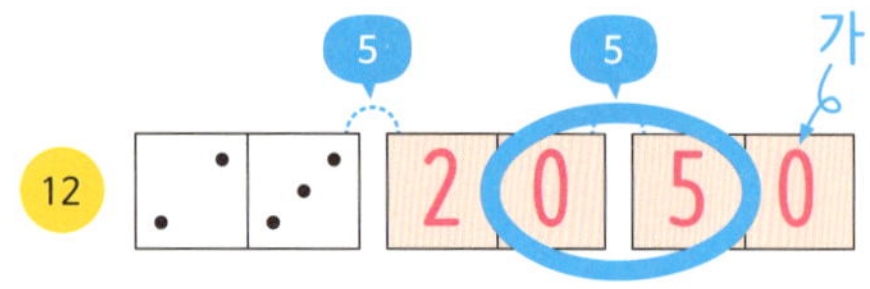

2+5+5+가=12이므로, 가=0임을 알 수 있습니다.

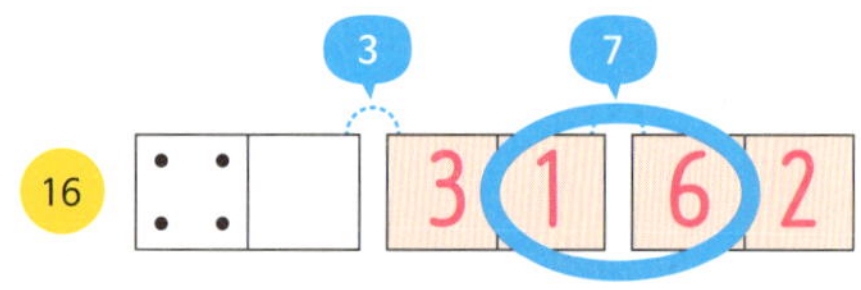

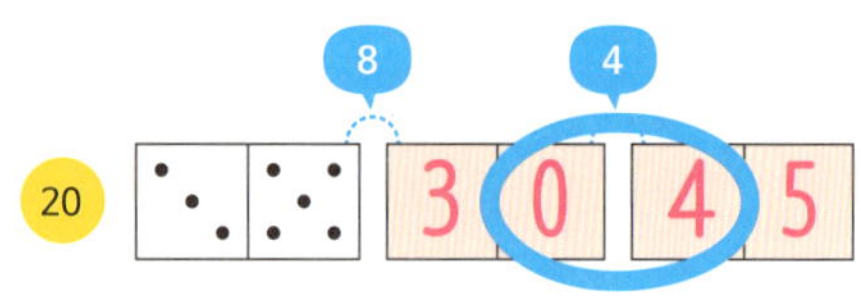

티칭 가이드 파란 말풍선을 활용하여 답을 구할 수 있는 방법을 생각합니다.

p.39

문제해결

안에 쓰인 수는 연결된 도미노 점들의 합입니다. 이웃하는 부분의 도미노 점의 합이 말풍선 안의 수가 되도록 색칠된 곳에 도미노를 놓아보세요.

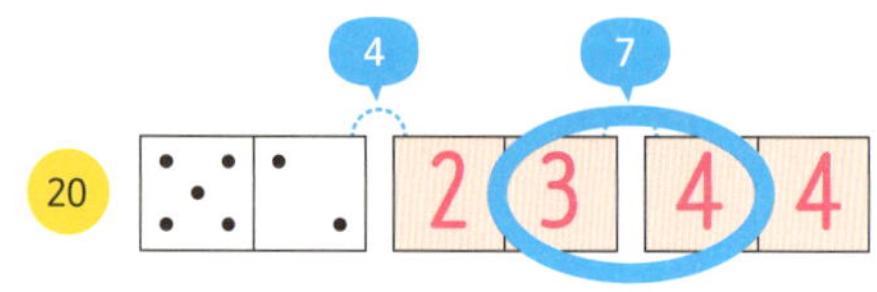

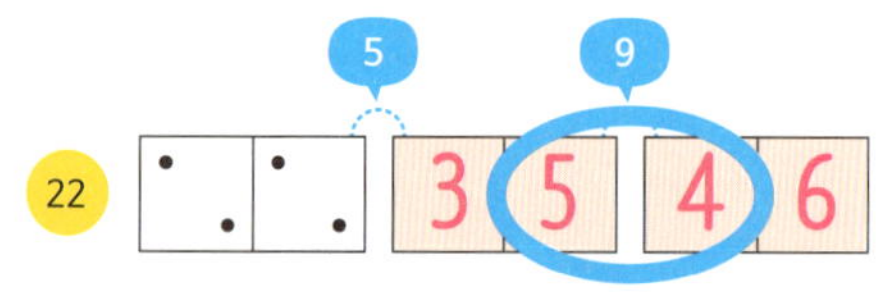

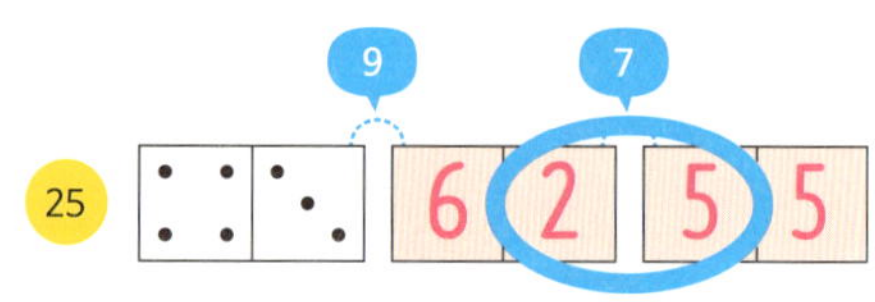

파란 동그라미 안의 수는 다양한 답이 나올 수 있습니다.

p.40

18. 자리 찾기 1

도형

다음 제시된 도미노로 모양을 맞춰보세요.

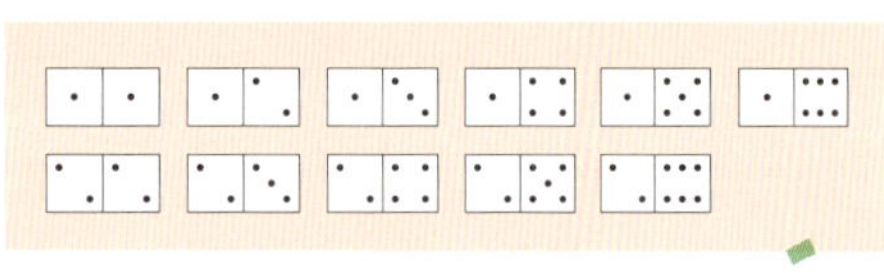

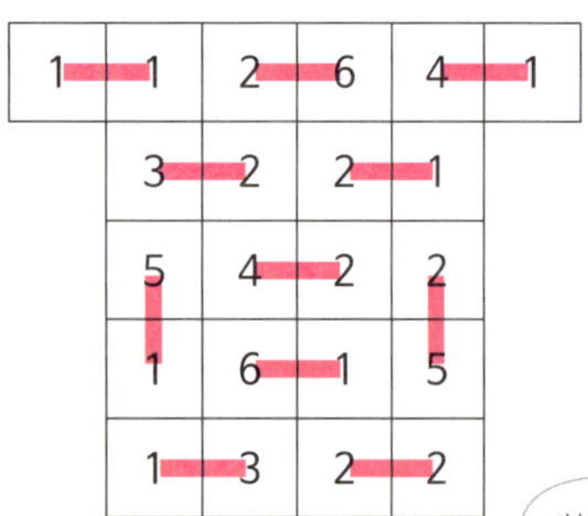

p.41

자리 찾기

다음 제시된 도미노로 모양을 맞춰보세요.

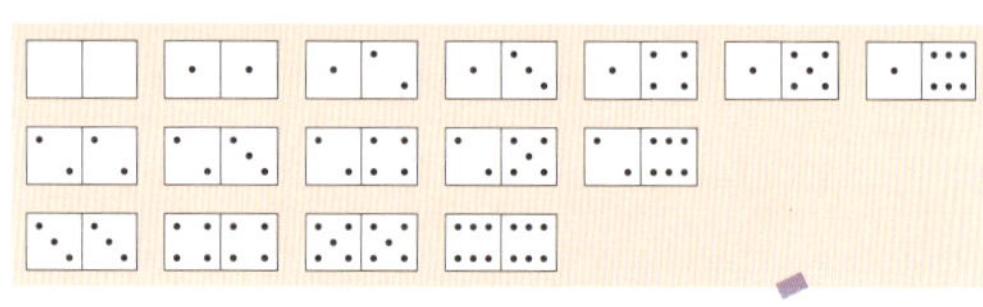

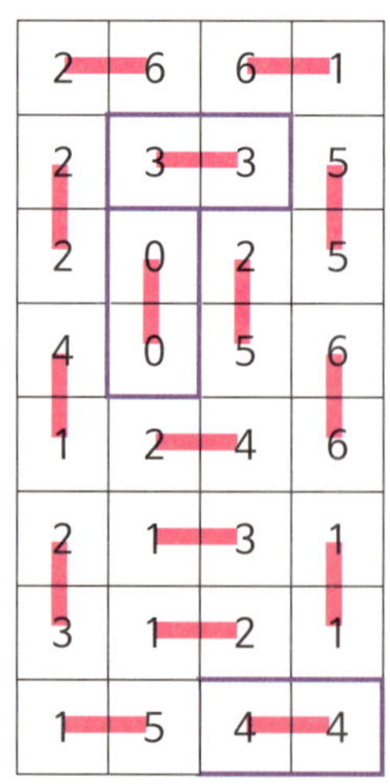

티칭 가이드

4 4 처럼 두 점이 같은 도미노의 위치부터 정하고 문제를 해결합니다.

제시된 방법 외에 다양한 답이 나올 수 있습니다.

p.42

19. 자리 찾기 2

도형

다음 모양을 맞춰보세요.

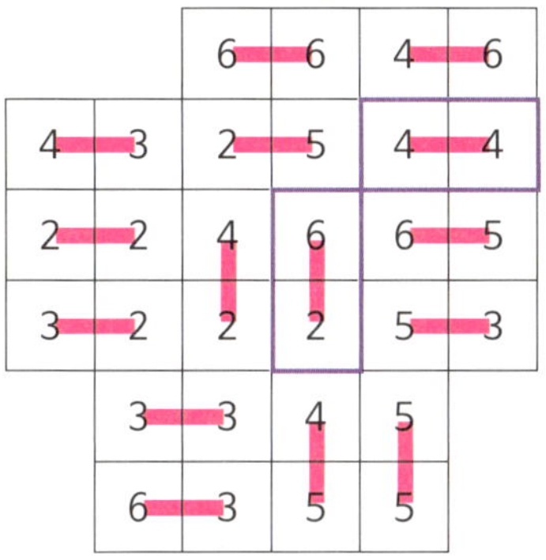

p.43

자리 찾기

다음 모양을 맞춰보세요.

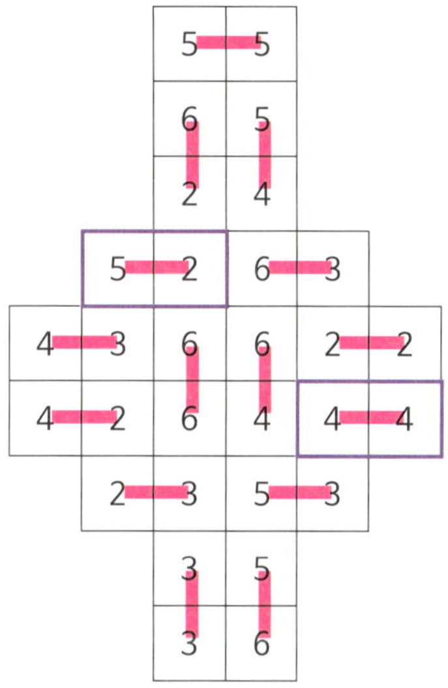

p.44

20. 자리 찾기 3

도형

다음 모양을 맞춰보세요.

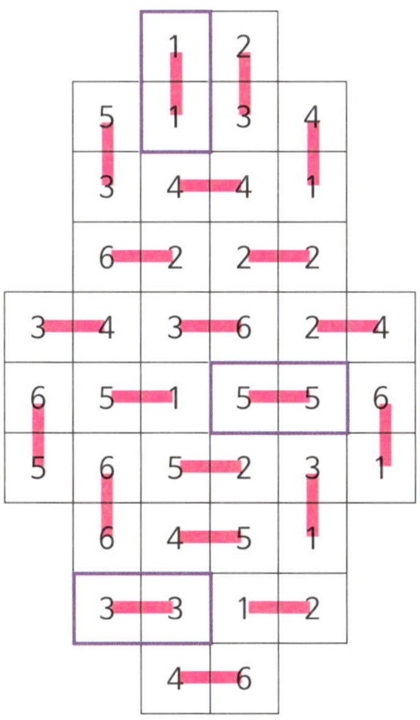

p.45

자리 찾기

다음 모양을 맞춰보세요.

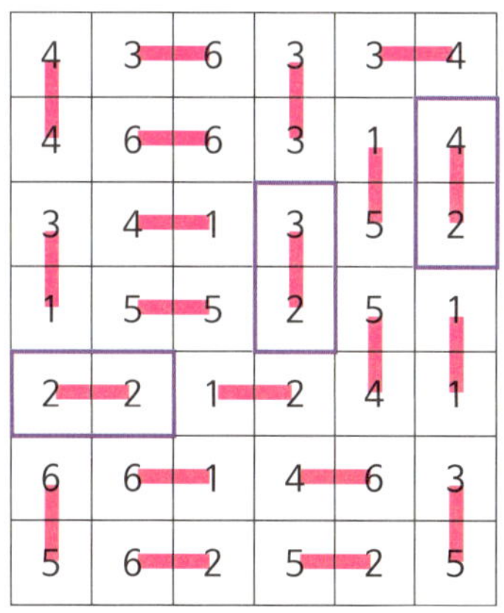

MEMO

색도미노 스티커

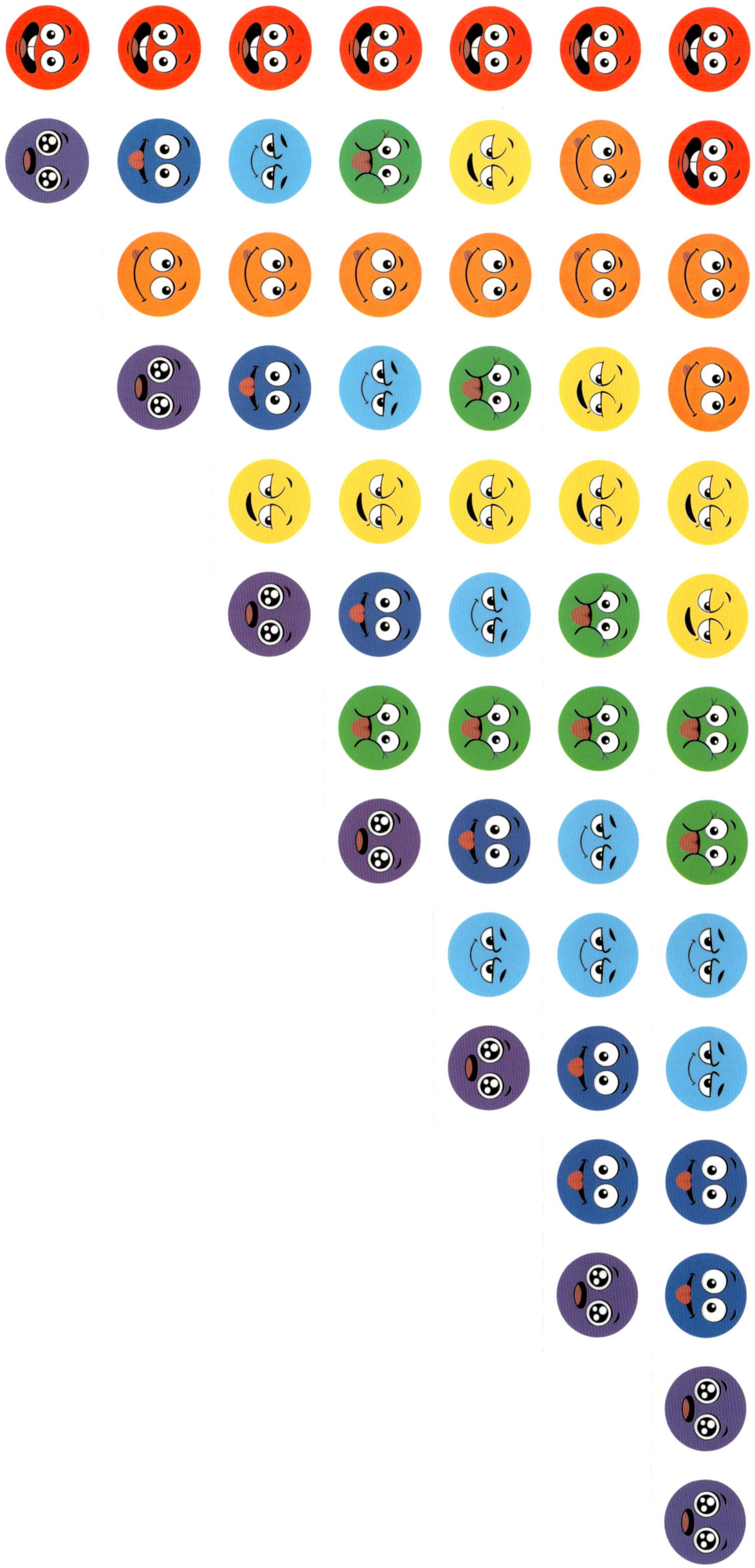

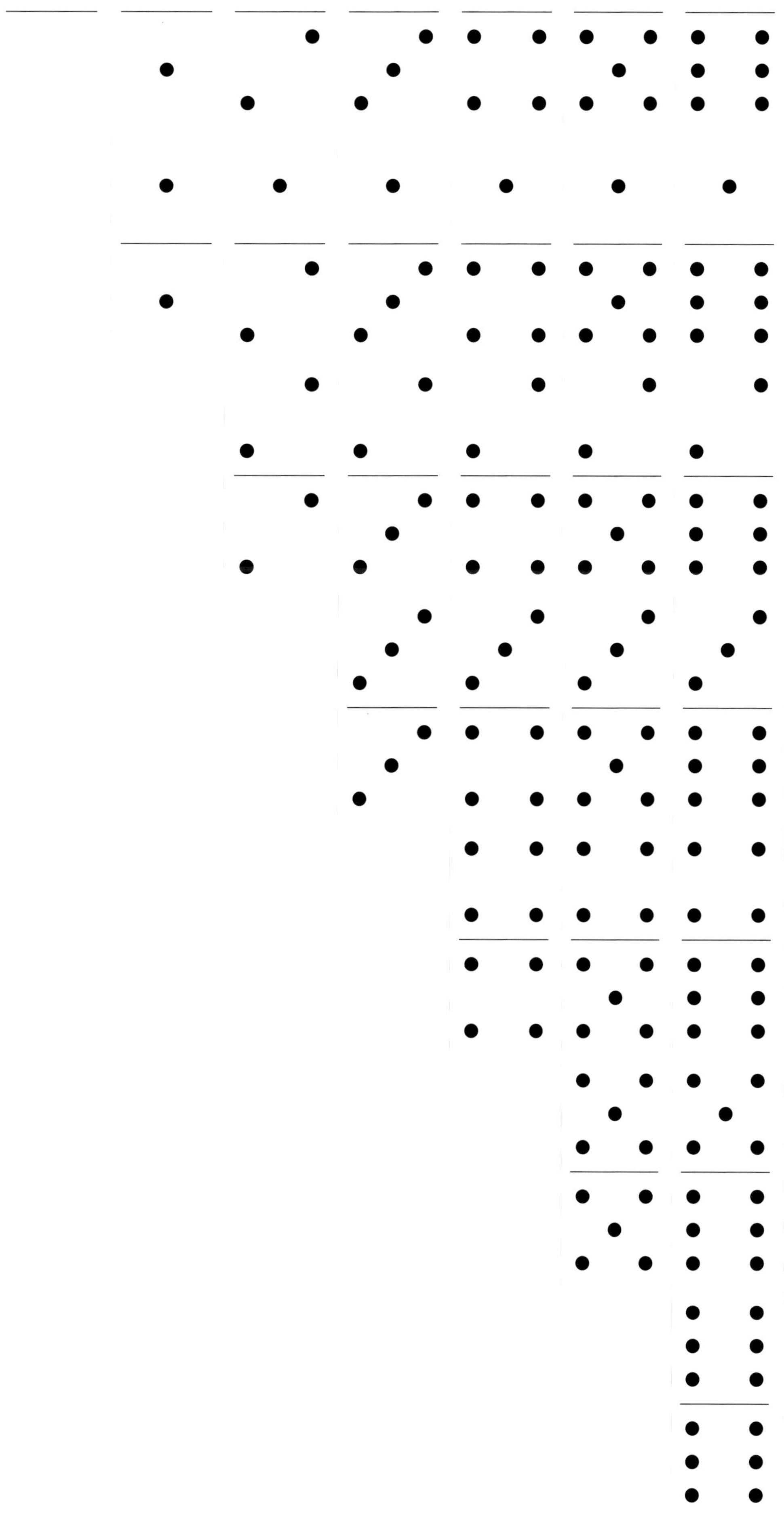